創元学術アルヒーフ

欧州各国に於ける国家革新運動

【リプリント版】内閣情報部・情報宣伝研究資料第十輯

佐藤卓己［解題］

創元社

目次

凡例

一、本書は、内閣情報部が一九三九年三月に配布した「情報宣伝研究資料第十輯」のリプリント版である。同資料の全体像及び本輯の詳細については、巻末の解題を参照のこと。

一、リプリントに際しては原本と同サイズで収録し、また内容の改変は一切行っていない。

一、解題とは別に、新たに「付録」と「索引」を作成し、巻末に収録した。その詳細については、それぞれの凡例を参照のこと。

一、近年馴染みのない国名漢字表記の読みは次の通り。

芬蘭	⇒フィンランド
和蘭	⇒オランダ
諾威	⇒ノルウェー
波蘭	⇒ポーランド
葡萄牙	⇒ポルトガル
羅馬尼	⇒ルーマニア
瑞典	⇒スウェーデン
瑞西	⇒スイス
西班牙	⇒スペイン
洪牙利	⇒ハンガリー

情報宣傳研究資料

第十輯

歐洲各國に於ける國家革新運動

昭和十四年三月
內閣情報部

本輯は歐洲各國に於ける國家革新運動に關する著述たる
"Europa will leben"(一九三六年發行)の飜譯にして、防共調査上の
參考として印刷したるものなり。

目次

ナチス親衛隊の私服章
（獨　逸）

ナチス主権章
（獨　逸）

ナチス突撃隊私服章
（獨　逸）

ナチス幼年團
（獨　逸）

ナチス黨員章
（獨　逸）

ナチス勞働青年團
（獨　逸）

ナチス自動車隊
（獨　逸）

ナチス婦人會
（獨　逸）

ヒットラー少年團
（獨　逸）

ベルギー國民團の徽章
（宣誓のしるしに手を擧ぐ、尙周圍に「我等はベルギー人として存續せん事を欲す」とあり）

ディチェ國民全體主義聯盟の徽章（ベルギー）
（農民、勞働者及兵士の象徴として鋤、齒車、及び劍を以つて表はす）

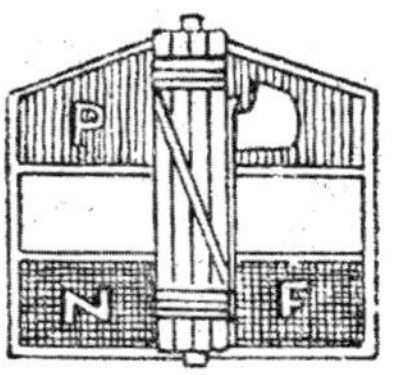

伊太利ファシスト黨員章

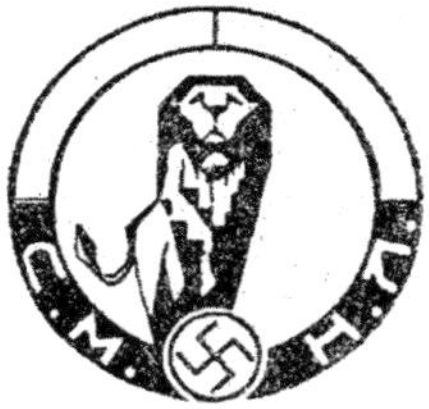

ブルガリヤ青少年國民軍聯盟の徽章

ブルガリヤ祖國防衛黨々員章

ベルギー國民職能代表制勞働同盟の徽章

英國ファシスト黨の徽章

國民社會主義ブルガリヤ勞働黨の徽章
（逆卍字にブルガリヤの獅子を配す）

ブルガリヤ國民ファシスト同盟の徽章

二

芬蘭愛國國民運動黨
の徽章

英國ファシスト同盟の徽章
(伊太利の例に倣ひリクト
ールの束を取入れて居る)

英帝國ファシスト聯盟の徽章
(徽章中の逆卍字はユダヤ
民族反對を表示して居る)

和蘭社會主義運動
の徽章

佛國社會主義國民黨
の徽章

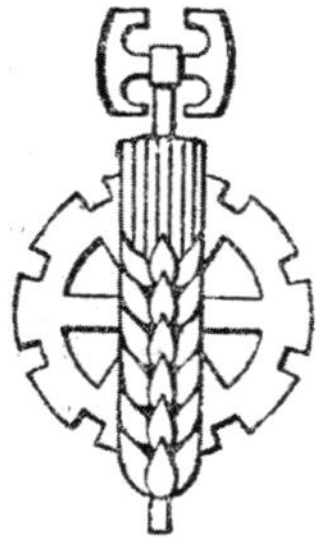

佛國國粹黨の徽章
(歯車、穗及び斧は夫々勞
働者農民並びに兵士の協
力黨たる事を示す)

三

羅馬尼國民社會主義黨
たる「鐵楯團」の徽章

諾威の國民集會徽章

國民社會主義和蘭勞働黨
の徽章

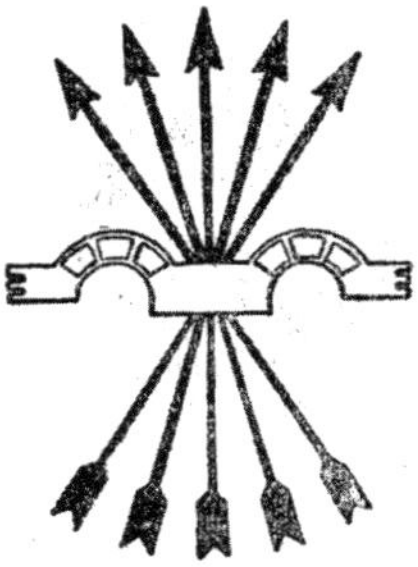

西班牙國民サンディカリズム突撃黨の徽章

瑞西の國民同盟徽章

瑞西ファシスト黨の徽章

一九三四年末に洪牙利國民社會主義黨は、黨の徽章として逆卍字の使用を禁ぜられた爲「矢の十字」を以つて之に代へた。左は改正後のもの右は禁止前のもの。

（中央に表はされて居るのはトリヤノン條約以前の洪牙利領域である。）

四

序

榮華と衰滅は一聯のものである。興隆の次に來るものは衰頽である。衰頽に續くものは或は沒落か或は新生かであるが、生命力の萠芽なきところに新生はない。この萠芽にひそむ動的の力が、即ち開いて活動と生命と實力とを齎らすのである。個人の生活も、民族の生活も、人類の興亡も、すべて生物の法則に從ふものであるが、人間は生物の法則と共に精神の見えざる力を有する心理の法則に支配されてゐる。この心理の法則も亦盛衰興亡を左右するものである。

民族を興隆に導かんとする者は、意識すると否とを問はず、この生物と心理の法則に從はざるを得ない。これを衰微に導きつゝある者は即ちこの法則に背く者に外ならない。

マルキシズム階級鬪爭と無神論とは、數十年の長きに亘る破壞工作の間に、この生物と心理の法則に背き、衰微の一途を辿り、世界戰爭と獨裁によつてその極に達した。これに續く時代は「被征服者」の屈從にもまさるものであつた。即ちそれは自然の法則に叛いた爲に起つた「勝利者」の破産であつた。

然し破壞の殘骸の下にはなほ生命力をもつ萠芽が眠つて居た。それは自然の法則に遵ふ指導者さへ

一

二

あれば、その心理的な影響によつて再び力強く繁茂し得べき生物的なものであつた。かくて歐洲の殆んどすべての國に於て、遲速の差こそあれ、復興の力を得んとする微々たる運動が始まつた。その環境、政治的、地理的の條件、それに對する壓迫と反撥力、或は個々の努力の具體化の方策等の點に於て差異はあるにせよ、國家的な革新を目標とし、階級鬪爭と無神論とから來る生物的、心理的な破壞の原動力と鬪ふ點に於て、共通的なものを持つ相似た新しい勢力が、歐洲政治界の舞臺面に現れて來たのである。之等は最初はボルシェヴィズムの非人道と害惡とを阻止する爲に、健全なる自然の力を集めることを主とする歷史的の使命を擔ふてゐた。然し乍ら方法こそ異れ、その效果を殆んど同じくする二つの運動は、既に偉大な高さにまで達した。即ち獨逸に於ける國民社會主義運動と、伊太利に於けるファシストがそれである。兩者は既に新歐洲建設の二大支柱として立つて居る。兩者の基礎は歷史的に價値を認められたものと實證せられた文化の大地にある。夢想家の似而非文化人や魂の拔けた不平家達の脆弱な地盤の上にあるのではない。然しながら人事の極地に迄達せるナチスとファッショ、この兩者と雖も、自然の限界を踏み越えぬ樣注意し、自肅、自省を怠つてはならぬ。さればアドルフ・ヒットラーが千九百三十五年の黨大會に於て、「全能の神により創造された國民の名の下に言行する者は、彼の手に委ねられた造物主（神）の創造し給ふた物（國民）の存在と將來に關し、罪を犯さぬ間だけは神の命によつて行動してゐる事となるのだ」と云つたのは彼の傑出せる偉大さを物語るものである。此の言葉こそは最も深い認識と獨逸精神の最も眞正な神髓から發したものである。世界はこれによつて恢復することが出來るのである――その氣さへあれば、平和に到る道は此處にあるのである。

國民社會主義とファシズムの類似點は多々あるが、而も此の兩種の運動の相違を無視することは出來ない。殊にその相違が皮相的觀察によつて屢々看過され、見誤られるに於てをやである。

國民社會主義の本質には排他主義がある。即ち自國民の本流に屬する國民のみを擁して、之を人種的に純粹な國民固有の團結にまで高めんとするものである。從つて國籍と人種を異にする要素を排し、かゝる要素を同化し吸收する事を拒んで居る。屢々强調せられた如く國民社會主義は共産主義に範をとつた輸出品ではなく、又他國を破壞、征服する計畫でもない。國民社會主義は自國民のみを對象とする國民の心理的武裝である。ナチスは他國民が同樣な武裝をすることに關し、例へば軍備を有する諸國家が、他國家の同樣の軍備を有する事に關心を有する程度にしか關心を持たない。それにも拘らず現在歐洲の殆んど總ての國に、大小の差こそあれ國民社會主義的な運動の萠芽があるが、然しそれは國際的な中央機關の支部配下にあるとか、組織的に構成されたとかいふものではなく、全然獨立した相互に何等關聯のないもので、夫々固有の地盤と固有の國風により發生し發展し來つたものである。勿論所謂ナチスの海外組織とは何の關係もない。後者は唯海外在留獨逸人のみに關するもので、彼等の故國との自然の結合を組織化したいといふ當然の希望に應じたものに過ぎない。

三

國民社會主義は、本質上他國の內政上の發展に何等積極的、煽動的の關心を持たぬと共に、他國の興隆を嫉んでそれを阻害し崩壞させる理由もない。寧ろ諸國が同等の權能を得、同樣に健全な强さを持つ事が、永續的な平和と健全な文化的經濟的競爭を實現し得る最良の條件と見て居る。

ファシズム、少くとも伊太利のそれにあつては、人種問題は當面の問題になつてゐない。從つて純理論的に見れば、ファシズムは國民社會主義の排他主義に對して寧ろ開放的な傾向をさへ有し、從つて人種問題は當面の問題になつてゐない。國民社會主義がその本質上なし得る程の外政上の安定を確保することは困難であらう。ファシズムと國民社會主義の相違が、實際政治の上にどれ程の差異を生ずるかは、將來に至つて始めてわかる問題で、今日之について直ちに結論を下すことは間違ひであらう。

全般的には各國に發生したファシズムの運動には、それぞれ非常な相違があることを顧慮すべきで、名稱だけで共通的なものと斷定する事は出來ない。例へば英國のイムペリアル・ファシスト・リーグ（英帝國ファシスト聯盟）は、かゝる名稱にも拘らずその目標とする處が、ファシズムよりも國民社會主義に似て居ることは、外面的の事實について見てもそれがハーケンクロイツ（逆卍字）を旗印として居る事から窺はれる。人種問題に就ても英國の三つの運動、ブリティシュ・ファシスト（British Fascists）、イムペリアル・ファシスト（Imperial Fascists）及びブリティシュ・ユニオン・オブ・ファシスト（British Union of Fascists）は伊太利のファシストと異なり、それぞれ多少とも反ユダヤ主義的態勢を執つてゐる。

然し乍らある國々では、國民社會主義の運動とファシストのそれとが、明らかに一致してゐる。是れ本書に於て此の二つの傾向を並行的に記述し、特に兩者を別々の部門に分けて論じなかつた所以である。編述は國名のアルファベット順とした。國民社會主義とファシズムが既に興隆の頂點に達して居る獨伊兩國のみは特に之を巻頭に置いた。又兩國の偉大なる指導者の傳記とその業績とを掲げ、之と關聯して本書に必要な範圍内で、兩運動の興隆の經過を略述する事とした。本書の目的は、歐洲復興の新しい力の具體化たる國民的革新運動の數、種類、意義を簡明に、最も且つ公平な立場から紹介せんとするに在る。著者ヴェルネル・ハース（Werner Haas）氏が多大の根氣强い努力の下に蒐集された材料は、同氏の外國に關する勝れた知識に基いて、組織的な形態に注意深く整理され、玆に歐洲政治史に關する貴重なる文獻として世に現れる事となつた。

本書が歐洲の復興とその文化の向上に、又復興に對する世人の協力の意志を促進する上に、寄與する所あらんことを祈つて已まざる次第である。

於ベルリン　一九三六年一月　（Berlin NW. 21.）

ドクトル、エドムンド・マルヘフカ（Dr. Edmund Marhefka）

一、獨　逸

1. アドルフ・ヒットラーと國民社會主義

アドルフ・ヒットラーと獨逸に於ける國民社會主義運動とは不可分である。世界戰爭が生んだ此の無名の人物を除いて此の運動は考へられない。彼こそは無から此の運動を創造し、その思想と組織とを作り出し、獨逸の國內及び對外の自由の爲めに、十四年間に亘る不撓不屈の鬪爭の後、終に光榮ある勝利を獲得した人である。

アドルフ・ヒットラーは一八八九年四月廿日、イン河畔のバヴァリア國境に近い墺太利の小都市ブラウナウで生れた。父は其處の稅關吏であつた。

ヒットラーも父の希望通り稅關吏の經歷を履む筈であつた。然し彼の天性は彼を畫家の職業に引きつけた。父の命で彼は實業學校に入つたが、彼は特に歷史に興味を持つた。敎師の勝れた授業法には、彼に授業時間を休憩時間に優るように感じさせた。十三歲の時父を、更に四年後には母を失つた。そこで彼は自活の途を講ぜねばならなくなつた。ウヰーンの國立美術學校に入學させて貰ふ爲の努力も失敗した。彼の天分は寧ろ製圖の方面にあつたから建築學校へ行く樣にと云はれた。それには實業學校の卒業證書が必要であつた。所が彼にはそれがなく、以前に變る經濟狀態ではそれを得る途もなか

獨逸總統兼首相アドルフ・ヒットラー

つた。

ヒットラーに取つて最も苦しい五ケ年がこの時から始つた。或は手傳として或は日傭ひ勞働者として働いて、貧しい生計を立てなければならなかつた。然し彼はよく餘暇を利用して多く讀み、多くを觀察して教養を積んで行つた。彼は身を以て勞働者階級の社會的困窮を體驗した。國家の諸機關やブルジョア階級が下層階級に對して何等の理解を示さず、又獨逸の同胞の生きんが爲の尊敬すべき正しい鬪ひを、マルキシズムの宣傳が反國家的の途に引ずり込まうと努力してゐるのを見た。その時既に彼は國際主義や階級鬪爭の理論が勞働者に取つて何の役にも立たず、却つて彼等を誤るものである事を悟つた。

一九〇九、一九一〇の二年間、彼は製圖家、水彩畫家として獨立して働いた。社會問題は絶へず熱心に研究してゐた。彼はユダヤ人問題を徹底的に研究する機會を得た。彼はマルキシズムを奉ずるあらゆる政黨の首腦者が大部分ユダヤ人であり、而も勞働者にはユダヤ人が殆んどない事を見た。ユダヤ人が勞働黨の指導者として何をしようとするのか?ヒットラーはユダヤ人のマルキシズムに關する刊行物を精細に注視し研究した結果、その斷案によつてユダヤ人の排斥者となつた。ユダヤ人は獨逸の政黨の指導者となり又は國事を司るの資格なしとの彼の信條は、後に彼の政綱の根底に横はる原則となつた。

一九一二年、ヒットラーはミュンヘンに來た。收入は少かつたが畫を描き、讀書し、又種々の點で一層敎養を積む機會が多かつたが、其處へ大戰が勃發した。彼は疾くから、腐敗したハプスブルク王家の墺太利よりも獨逸に深い愛着を持つてゐたから、一九一四年八月三日バヴァリア國王宛に墺國人として、バヴァリア軍の一部隊に編入されたき旨の願書を提出し、翌日其の許可を得た。かくて爾來四ケ年間彼はバヴァリアのある歩兵聯隊に屬して、獨逸國の自由の爲の英雄的戰ひに參加した。一九一六年戰傷を負ふたが、殆んど治り切らぬうちに又戰線に出た。一九一八年十月十四日、イペルン附近でひどい毒ガスに中り失明した。

パーゼワルクの衞戍病院で、獨逸史上の暗黑の日たる一九一八年十一月九日の出來事の恐ろしい報知を受けた。ヒットラーは漸次に視力を恢復した。獨逸は變化してゐた。マルキシズムを奉ずる政黨が勢力を增加しつゝあつた。赤の獨裁が苛酷な現實となる脅威があつた。ベルリン、サクソニア、バヴァリア、ブラウンシュヴィック等の諸地方では、旣にその萠芽が現れてゐた。すべてが崩壞せんとするかの樣に見えた。

十一月事件に衷心憤つた此の無名の戰線の鬪士の內に、此の暴動の首謀者等に對する憎惡と侮蔑が生長した。そうして彼は生涯を政治に捧げる決心をしたのである。

身體が恢復した後、ヒットラーは或時種々の任務を帶びて、ミュンヘンで「獨逸勞働黨」と云ふ名稱

イン河畔ブラウナウのアドルフ・ヒットラーの生家

アドルフ・ヒットラー（十印）さ戦友達

の下に結成されたある小さな團體の集會に出る事を命ぜられた。彼は其處には一つの良い思想があるが、又同時に多くの不明瞭、多くの錯雜がある事を發見した。此の黨の人達は獨逸をして現在の混亂の中から、何とかして救ひ出さうとする尊敬すべき意志を以て暗中模索をしてゐるのであつた。ヒットラーは彼等の議論に仲間入りし、長い間熟考した後、此の「政黨」に加入する事を決心した。彼はこの尊敬すべき意志を有する人々の地味な團體から、恐らく何か新しい偉大なものが生れると思つたのである。アドルフ・ヒットラーは第七番目の黨員であつた。

間もなく彼はその團體の指導者に推戴された。彼は演說の天才であり、殊に義務として何を爲すべきかを識つてゐた。內部的にも外部的にも、卑しい奴隷的狀態から獨逸の勞働者、創造的な獨逸國民を解放する事が彼の眼前に横はる目標であつた。

ヒットラーは世に出る前に「國民社會主義獨逸勞働黨」(獨逸勞働黨の改稱せるもの)の二十五項からなる政綱を定めた。その成功は壓倒的であつた。一九二〇年十一月十九日には彼は早くも二千人以上の公衆を前に演說し、更に三ケ月を經てミュンヘンのチルクス・クローネで開かれた集會には六千人以上の大衆が之の新運動の思想を知らうとして出席した。各地にＮＳＤＡＰ(國民社會主義獨逸勞働黨の頭文字一つづゝを取つたもの、所謂ナチス)の支部が出來た。都會でも、田舍でも、極めて邊鄙の地方でさへも黨擴張の運動は倦むことなく續けられ、黨は急激に大きくなつた。

バヴァリヤ州の政府委員フォン・カールはヒットラーと完全に意見が一致してゐた樣に見えてゐた。そこでヒットラーは先づバヴァリアから始めて、マルキシズムの支配下にある聯邦政府に對抗する爲、國民的革命の宣言を一九二三年十一月八日に發することを決した。然るにフォン・カールは、從來彼が考へた處と異り、ヒットラーがプロシヤとバヴァリアの分裂の爲に努力するのでなく、大獨逸國の建設に努力するものである事を覺り、ヒットラーに通知せずに武裝せる兵士を派遣して、國民精神昂揚を目的とする國民社會黨員の示威行進を遮へた。十三人の獨逸人男子がミュンヘンのフェルトヘルンハレ附近で倒れ、ヒットラーも亦傷いた。引續き裁判でヒットラーは五ヶ年の城内禁錮の判決を受け、レヒ河畔ランツベルクで之に服さなければならなかつた。カールは彼に對して別に何等の辯護もしなかつた。斯くて「國民社會主義獨逸勞働黨」は獨逸全國に禁ぜられる事となつた。

一九二四年十二月廿日ヒットラーは國民の輿望の力によつて保證付で禁錮を解かれたが、彼はその禁錮中に彼の基本的著書「我が鬪爭」を書いた。それは今日既に數百萬の版を重ね、世界中の文化國の國語に飜譯されてゐる。釋放せらるゝや彼はすぐに黨の再建に取りかゝり、一九二五年二月二十六日、結黨禁止期間中發行されなかつた本運動の中央機關紙たる新聞、「フエルキッシェー・ベオバハター」Völkischer Beobachter が再び發行された。

二月二十七日には再び國民社會黨の大衆集會が行はれ、それまで黨内部で爭つてゐた諸派も、ヒットラーの指揮下に固く結束するに至つた。

全然誤つた當時の獨逸政府は、間もなく國内に荒廢をもたらす結果を生じた。一九二四年八月二十九日國會はドーズ案を採擇した。この案はベルサイユ條約の實行として獨逸國民を一層奴隷化し、僅かに少數の國民社會黨が奴隷化に反對したのみであつた。其の後國民社會主義的思想は國民中に益々擴がり。一九二五年末に二萬七千百十七名を數へた黨員數が、一九二六年十二月には四萬九千五百二十三に上り、一九二七年十二月には七萬二千五百九十に、一九二八年十二月には十萬八千七百十七に、一九二九年十二月には十七萬六千四百二十六名に上つた。而して一九二九年から一九三〇年の冬には、獨逸國民が再び試錬に遭遇せねばならなかつた。即ちヤング案に對する抗爭は國民の熱望となり、國民の決定する所となつたが、然しそれは投票數が六百五十萬に達したに拘はらず實行されなかつた。その法的根據に於て、確固たるものを有しないヤング案を採用した結果は間もなく現はれ、經濟界は益々荒廢し、失業者數は無限に增加し、國費は涸渇してしまつた。

政府は職責に堪へ得なかつた。國會は損失補償に同意することを拒んだ。そこで政府は新選擧により貢賦政策に必要な多數を得る事を期待して、議會を解散した。然しその期待は外れて、一九三〇年九月十四日の國會選擧は、寧ろ國民社會主義運動發展の境界石となつた。即ち之に先立つ一九二八年五月二十日の國會議員選擧では國民社會黨は約八十一萬の投票を得、十二名の代議士を國會に送つた

二

のであるが、今回は得票數實に六百四十萬に上り、百七名の代議士を得て第二黨に躍進した、今や闘爭の相手は百五十四名の代議士を有する社會民主黨のみとなつた。運動は雪崩の如く擴大した。一九三〇年末には登錄せる黨員の數は三十八萬九千であつたが、一九三一年には八十萬六千二百九十四となり、一九三二年四月には遂に百萬を突破した。

一九三二年には大統領の選擧があつた。大集會が一週間次々に行はれた。國民社會主義獨逸勞働黨への投票は二ヶ年間――一九三〇年より一九三二年まで――に六百五十萬から約千百五十萬に增加し、二週間後の再選擧には更に二百萬を增加し、運動は勝利から勝利へと驀進した。

一九三二年七月三十一日の國會選擧には、更に驚くべき成果が收められた。即ちナチス黨は二百三十名の當選者をもつて國會の最大政黨となつたのである。第二黨社會民主黨は百三十三名にすぎなく、青年獨逸の指導者が國民を指導する道の開かれる時機が現實に來たかに見えた。然し乍ら政府組織の交涉に當つて、大統領は第一黨たる國民社會主義獨逸勞働黨に政府の首班を委ねる事を拒み、アドルフ・ヒットラーには副總理の地位を與へんとしたが、ヒットラーは之を拒絕し、完全な政府の首班たらんことを要求した。一九三二年八月十六日、ヒットラーはこれに關する彼の見解を發表して次の如く聲明した。「否、私は決してつまらぬ物の代償に最初の誕生兒を賣らうと思はない。（聖書より引用）頽廢し節操なき時代にこそ、指導者の利害を顧慮せず、途を誤らず、變節せず、目標に向つて運動を進めねばならぬ事を國民に示す事が大切であると思ふ」。

一九三三年の初頭には、國民社會主義運動は首領アドルフ・ヒットラーの下に、强大な機關として、再び運命から擬せられた使命を引受ける準備を整へてゐた。國民社會黨は政權を巡る十四年間の鬪ひに、三百八十七人の死者と四萬人以上の負傷者を出し、國民社會主義的な思想の故に、職業と日々の糧を失つた者の數は數十萬にも上つた。色々の中間内閣が全部失敗した後、一九三三年一月三十日アドルフ・ヒットラーは、大統領フォン・ヒンデンブルグ元帥から獨逸國總理大臣に任命された。

一九三三年二月一日、ヒットラーは新政府最初の聲明を發した。彼は四ケ年以内に失業を絶滅し農民を窮狀から脱せしめるといふ目標を掲げた。政府は前から長い間行はれて來た壓制に强力な改革を行ひ、次々と根本的に新しい法規を獨逸國民生活の各方面にもたらした。

新政府が實行した方策を悉く數へ上げる事は本書の範圍外に屬する（"Nationalsozialistische Handbuch für Recht und Gesetzgebung" Reichsminister Dr. Hans Frank 著 Franz Eher Nachf. München 發行、一九三五年版參照）が、二三を擧げれば次の如きものがある。

階級對立を實際的に解消する事を目的とする勞働管理《トロイヘンデル》調停人に關する立法。

農家債務調整法。

遺傳的疾患を有する子孫の出生防止（斷種）法。

貧困者の爲に冬期救濟事業の開始。

國民經濟振興の爲の自動車國道建設。

租税の輕減。

結婚貸付金及失業者減少法による結婚の獎勵。

國民社會主義は獨逸を悲運のどん底から再び新しい生活力の高所に引上げた。それは巨大な精神革命を實現したものである。諸外國も之の偉大なる功績を認めてゐる。

組織から云へば國民社會主義獨逸勞働黨はブロックBlock、細胞Zelle、區Sektion、地方團體Ortsgruppe、縣Kreis及郡Gauに分れてゐる。最高の黨機關は全國指導部で、ブロック、細胞、區、地方團體、縣、郡、及全國の指導者は黨の政治指導者である。彼等は同じ制服を着用し、階級の徽章により識別される樣になつてゐる。全國組織指導者はロベルト・ライ博士である。

黨の別働體に突擊隊がある。一九二一年に黨の集會警護の爲に「國民社會主義獨逸勞働黨體操及競技部」N. S. D. A. P. Turn-u. Sportabt. が生れた。一九二一年十一月四日この「體操及競技部」の部員が、黨の集會を叩き潰さうとする八百名のマルキシストに對抗する事に成功した時、ヒットラーはこの火の洗禮に見事に及第した一隊に、突擊隊Sturmabteilung略して（ＳＡ）と云ふ名譽の稱號を授けた。

突撃隊は今日二十一の隊に分れてゐる。突撃隊の最高指揮者はアドルフ・ヒットラー、參課長はヴィクター・ルッツェである。突撃隊の個々の單位は班、分隊、小隊、小旗、旗、旅及び團で、制服として一様に褐色シャツとネクタイを着け、それぞれ階級徽章と逆卍腕章をつけてゐる。

一九二一年親衛隊（S・Sとも云ふ）の創設により、黨の一つの新しい別働體が出來た。親衛隊に屬する者はアドルフ・ヒットラー及び麾下の指導者の保護を任務とし、同じく褐色シャツを着用し、それぞれ階級徽章をつけるが、ネクタイは黒を使ふ。S・Sは十部に分れ、ヒットラーの直屬である。その全國の指導者はハインリヒ・ヒムラーである。

又ヒットラー直屬の下に國家社會主義自動車隊（N・S・K・K）がある。五つの監察（二十旅）に分けられ、その指導者はアドルフ・ヘンラインである。

その人數に於て極めて重要な組織は、青少年指導者バルドゥル・フォン・シラッハに隷屬するヒットラー少年團（HJ）で、十四歳から十八歳までの少年少女（HJ中の少女聯盟）を包括し、十歳から十四歳までの少年少女はHJ中の獨逸幼年團を組織してゐる。ヒットラー少年團の單位は伍、班、分隊小隊等々である。(Kameradschaft, Schar, Gefolgschaft, Unterbann, Bann, Oberbann, Gebiet, Obergebiet)

國民社會主義の婦人は一九三一年創立の國民社會主義婦人會に總括される。その指導者はショルツ・クリンク夫人である。

黨の中央機關紙は日刊「フエルキッシェー・ベオバハター」であるが、別に「突擊隊の男」Der SA-Mann は突擊隊の公式機關紙として、「黑い團隊」Das Schwarze Korps は親衛隊の通信紙として、「ヒットラー少年團」Hitlerjugend はヒットラー少年團の鬪爭紙として、「ＩＢ」（繪入りベオバハター）は黨の公式繪入新聞として發行されてゐる。之等は週刊である。

其の他郡の新聞や特殊新聞が個々の下級分岐體――例へば國民社會主義醫師聯盟、敎師聯盟、法律家、學生聯盟等――から發刊されてゐる。

黨の全國指導部は本運動の誕生地ミュンヘンのブリーンナ街四五（褐色の家）にある。

2. 國民社會主義獨逸勞働黨政綱

國民社會主義獨逸勞働黨の政綱は現下の狀況に即した政綱である。黨首腦者は本政綱に揭げた目標に達した時は、大衆の不滿を煽つて黨の存續を計らんが爲に、更に新目標を立てるごとき事を拒むものである。

一、吾人は民族自決權に基き全獨逸人を糾合し、大獨逸國を結成する事を要求す。

二、吾人は獨逸國民も他國民と平等の權利を亨有する事、サン・ジュルマン及びヴェルサイユ平和條約の廢棄を要求す。

三、吾人は我が國民を養はんが爲、土地（植民地）と我國過剩人口の移住を要求す。

一九二一年に寫したアドルフ・ヒットラー

十三ヶ月の禁錮を受けたレヒ河畔ランズベルグの監房に於けるアドルフ・ヒットラー

釋放後アドルフ・ヒットラーは直にその黨の再建に邁進した。
彼は數千數萬の群集に國民社會主義の目的と意志とを說いた。

一九三四年ニュルンベルグのナチス黨大會。この際十八萬の
政治部指導者がアドルフ・ヒットラーの檢閱を受ける爲に行
進した。後方は演壇。

四、獨逸公民たり得る者は國民同胞に限る。同胞とは獨逸の血統を有する者に限り宗旨を問はず、從つてユダヤ人は同胞たるを得ず。

五、公民にあらざる者は外來人としてのみ獨逸國に生活し、外國人に關する法規の適用を受く。

六、公民のみ國政の指導と法律に關する決定に參與することを得。從つて國の內、外市町村を問はず公職に就く者は獨逸公民たる事を要す。

吾人は人格、能力を考慮せず、黨派意識により地位を占むる腐敗せる議會政治を排す。

七、吾人は國家が先づ市民に收入及び生活の機會を與ふる義務を負ふ事を要求す。全人口を養ふ事が不可能ならば外國々籍を有する者（公民にあらざる者）を國外に放逐すべし。

八、獨逸人にあらざる者の國內移住を阻止すべし。吾人は一九一四年八月二日以降國內に移住せる獨逸人にあらざる者に即時國外退去を强制せん事を要求す。

九、公民は皆同等の權利義務を有す。

一〇、公民は精神的又は肉體的に生活に從事する事を第一の義務とせざるべからず。個人の業務は公共の利益に反すべからず。全體の範圍內に於て全部の利益となるを要す。

從つて吾人は左記を要求す。

一一、不勞所得の排擊、利子奴隷の廢止。

一二、戰爭は財貨と血の多大の犧牲を國民に課するに鑑み、戰爭により個人が利得する事は國民に對する犯罪と稱せざるべからず。吾人は戰爭による利得の全部を回收せん事を要求す。

一三、吾人はトラスト經營企業の國有化を要求す。

一四、吾人は大企業の利得に參加せん事を要求す。

一五、吾人は大規模の養老基金の設定を要求す。

一六、吾人は健全なる中產階級の確立とその維持とを要求す。大百貨店を即時自治體の所有とし、之を低廉に小經營者に賃貸すること。國、地方及自治體への納入に關しては小經營の立場を充分顧慮する事を要求す。

一七、吾人は我が國民の必要に適合せる土地改革を要求す。公共の利益を目的とする土地の無償收用の法律、地代の廢止及び土地賣買投機の防止を要求す。

一八、公共の利益を害する者の企業に對しては、犧牲を顧みず抗爭する事を要求す。卑劣なる國賊、暴利所得者、奸商等はその人種、宗教を問はず之を死刑に處する事を要求す。

一九、唯物的世界觀に奉仕するローマ法に代ふるにドイツ普通法を以てすることを要求す。

二〇、勤勉有爲なる獨逸人は、何人にても高等教育を受け、且つ然る後指導的地位に就く事を得しむる爲、國家は徹底せる國民教育制度を設くる事に努力すべし。あらゆる教育施設は教授方針を實生活に即せしむべし。國家精神の涵養は、理解力の生じたる頃より之を學校（公民學）を通じて施すべし。精神的に特に優れたる資性を有する子弟にして、家庭の貧困なる者はその地位、職業の如何にかゝはらず國費を以て教育せん事を要求す。

二一、國家は、母子保護、幼年者勞働の禁止、法律による體操及運動競技の義務の制定による體力の增進幼少の體育に關するあらゆる團體に對する最大の補助により國民の健康增進に努力すべし。

二二、吾人は傭兵の廢止、國民軍の組織を要求す。

二三、吾人は政治的虛僞と新聞紙によるその傳播に對し、法律を以て禁止せん事を要求す。獨逸的なる新聞紙の創設を可能ならしむる爲左の事項を要求す。

（イ） 獨逸語にて發行する新聞紙の主筆及共同者は悉く獨逸同胞たるべし。

（ロ） 非獨逸新聞は國家の明白なる許可を要し、獨逸語を以て發行することを得ず。

（ハ） 獨逸新聞の會計に獨逸人にあらざる者が參與し、又は影響を與ふる事を法律を以て禁じ、違反せる場合は發行の停止及び、之に參與せる獨逸人にあらざる者の即時國外放逐を以て處罰する事。

公共の福祉に反する新聞紙は禁止すべし。吾人は吾人の國民生活に腐敗的影響を及ぼす如き藝術及文學の傾向に對し、法律を以て臨み、以上の要求に反する施設の閉鎖を要求す。

二四、吾人は國家に對して危險を及ぼすことなく且ゲルマン人種の倫理感、道德感に反せざる限り、國內に於ける信教の自由を要求す。我黨は積極的キリスト教の意見を有するも、一定の宗派に拘泥せず。我黨はユダヤ的唯物主義的精神を排擊し、我が國民はたゞ

「公益は私利に先んず」

の標語に基き、內部よりしてのみ更生すべしとの信條を有す。

二五、以上の綱領を實行せんが爲、强力なる中央强權の確立を要求す。中央議會は全獨逸國とその組織全般に對して絕對的權能を有せざるべからず。

國より發布さるゝ適用範圍不定の法律(Rahmengesetz)施行の爲、各邦は國會及職能會議を構成する事を要求す。

本黨の指導者は生命を賭して、右二十五ケ條の實行に邁進する事を誓約す。

於ミュンヘン、一九二〇年二月二十四日

國民社會主義獨逸勞働黨政綱の第十七につき、反對者側に於て認まれる解說をなせるに對し、左の點を明確にするの要あり。

本黨は私有財產制の基礎に立てるが故に、「無償收用」なる語は不法の方法を以て取得せられ、又は

國民の福祉の見地より管理し居られざる土地は、必要ある際は之を收用する事を法律上可能ならしむる制度を創設するといふ意味なる事は自明の理なり。右は從つて第一にユダヤ人の土地投機會社に對するするものなり。

於ミュンヘン

一九二八年四月十三日

アドルフ・ヒットラー（署名）

二一

二、伊太利

1. ベニト・ムッソリーニとファシズム

イタリーのファシズムはムッソリーニの創設したものである。ベニト・ムッソリーニは一八八三年七月二十九日、ロマニャの小さい村ドヴィアで生れた。父は鍛冶屋で土地の村長をつとめ、母は學校の子供に敎へてゐた。兩親はムッソリーニを敎員にすることに決めてゐたから、ファエンツアのセラッエナ僧院に屬する少年院に學び、後フォルリポポリの師範學校に學んだ。ムッソリーニはすぐに敎師の信賴を得て、たまたま行はれたヴェルデイの記念祭に、フォルリの劇場で祝辭を述べる名譽を任つた。十八歲で敎育は終つた。

彼が敎師を勤めたのは極く僅かの間だけで、彼のジッとして居られない天性は彼を廣い天地に驅り出し、彼は極端な社會主義者になつてゐた。彼の父も早くから政治運動をして監獄の味を知つてゐたから、敢へて不思議ではない。

ムッソリーニは舊來の社會では針路を見出す事の出來ぬ人間であつた。滿腔の反抗と鬪爭心を抱いて世間を敵視してゐた。斯かる人物は自ら挫折するか然らざれば傑物になる。彼の天才は彼を暗黑のドン底に陷れた。然し此の逆境の時代こそ彼の人物を作り上げる試練の時代であつた。

伊太利首相ベニト・ムッソリーニ

彼は殆んど一文なしでスキスに行き、其の日稼ぎの勞働で辛くも生活の資を得た。一九〇二年、其處でロシアの革命家等に會ひ、レーニンやトロッキーを識つた。マルキシズムの虜になつた彼は、イタリー社會黨を組織することを決心したが、然しすぐにはその機を見出さなかつた。彼は獨逸にもフランスにも行つたが、その放浪生活中屢々刑法に觸て處罰された。或時はローザンヌで、屋外に夜を明した廉で檢束されたこともあつた。投獄された數は合計實に十一回に上つた。彼は教養を積む爲あらゆる機會を利用し、世界の文學作品、獨佛の古典派の書物を讀んだ。一九〇七年、革命的行動の故を以て彼はスキスから追放された。この退去命令は一九二二年になつて始めて撤廢された。

イタリーへ歸つてから一年間は、小學校の教師をしてゐたが、失職して再び放浪の旅に出た。オネリヤのある私立學校でフランス語の教師に傭はれたが、革命的煽動をした爲に、間もなく再度捕縛された。彼の運命の拓けたのはそれから間もなくであつた。

釋放されたムッソリーニは、フォルリで社會主義選擧同盟の書記になつた。仕事の傍ら「階級鬪爭」と云ふ名の週刊雜誌を發刊したが、これを通じて彼はその徹底した含蓄ある論旨と、莊重な文體を以て間もなく衆望を集めて、社會主義者の巨頭等が彼に注目し出した。トリエントでしばらく編輯に從事した後、一九一二年にミラノへ行つて「進め」Avanti の主筆となつた。この新聞の發行部數は、彼が主宰した二年間に二萬九千から九萬四千に躍進した。彼はミラノ滯在中に結婚した。大戰の勃發はムッソリーニの政治觀を一變せしめた。社會黨の命令で彼はイタリーの中立を主張すべきであつたが、彼は黨のスローガンを長く守らなかつた。個人的には鬪爭の準備をすつかり整へ、又從來よりも迅速にイタリーを社會主義へ前進させるに戰爭が好機會と考へた。一九一四年十一月十五日、彼は自分の新聞「イタリヤ人民」Popolo d' Italia を創立した。

新聞創立の結果、彼は直ぐに黨から除名された。程なく彼は自覺して社會主義者の獨りよがりに反對して立つた。彼は最早プロレタレリア階級のみに、國際的大衆にのみ奉仕するのでなく、彼の祖國の國民全部に奉仕しようと思つた。間もなく社會主義者の團體から多くの同志者が參加して、一九一四年十二月十一日には早くも「ファシオ・インテルヴェンチスタ」Fascio Interventista と云ふ、對墺開戰を目的とする同盟が創立され、ファシズムの歴史はこゝに始まつたのである。

註、ファシオは同盟。この語はファシエス（薪の束）から出てゐて、ファシエスはローマのリクトールと稱せられた下層の役人が、その權力の徽《シルシ》として上長官吏の前を擔いで歩いたものである。一本づゝの枝は無抵抗であるが、枝の全部には强制を加へる事が出來ない。それはローマの官廳の權力を具現してゐた。ファシオは國民的、社會的な共通の意志を表す。

ムッソリーニは戰爭宣傳の廉で度々捕縛されたが、それによつて彼の進路を誤るようなことはなかつた。一九一五年五月二十四日、對墺宣戰によつて目標は達成された。一九一五年八月から彼は一兵

ロマニヤのドヴィア村にあるムッソリーニの生家

往時ムッソリーニは社會主義者であつた，彼は一九一四年春民衆煽動の廉で捕縛された。

狙撃兵伍長のムッソリーニ（中央）と戰友

ファシズムの勝利の後に、ローマ進軍を終へた
黑シャツ黨指導者等。

卒として參戰したが、一九一七年重傷を負うて後送された。傷が癒るか癒らない中に、再び國家的な意志を强化する爲「ポポロ・デイタリア」に入つた。

戰後イタリー國民には新しい敵が出現した。即ちボルシェヴイズムである。ムッソリーニは革命家としての經驗をもつてゐるから、直ぐにさし迫つた危險を認め、ボルシェヴイズムに對する鬪爭の爲ファシズムを强化し擴充した。曩にマルキシズムと緣を斷つた彼は、今又社會主義が階級鬪爭、階級憎惡とは同じ意味を有せず全く異つたものである事を認めるに至つた。これについて彼は自ら次の如く發表してゐる。

「社會主義は固い、嚴格な、反對と强力から成り立たもので、一種の戰爭である。氣の弱い者はこの戰爭にどれ位苦しむ事か。社會主義は恐ろしい、眞劍なそして崇高な物だ。それでこそ社會主義は實現せられ、グウタラ政治家や弱虫共の天國にならず濟む。社會主義は賣物ではない。政治家の遊戯でもなく、ロマンチストの夢でもなく、競技ではもとよりない。それは個人と全體との精神的、物質的向上に役立つ努力である。恐らく未だ嘗つてこれ程人類を感動させたものはあるまいと思はれる程の大戲曲である。動物的な人類から人間的な人類へ、前史時代から歷史時代への架け橋、人類が生きんが爲の鬪爭から、人間相互の理解に至る橋を目的とする感動的な戲曲である。アルファベットの前にパンがなければならぬ。パンの後にアルファベットが續く事が出る。堅忍不拔な個人の精進によつて、理想を實現するのに不可缺な人間的な要素は、この條件の下にのみ作られる。

ムッソリーニは全國を巡歷して、イタリーをさし迫つた滅亡の危險から救ふ爲「前線兵士の會」を組織した。バヴアリヤとハンガリーに勞兵共和政府 Fasci di Combatimento（ロシヤの(一九一七年)勞働者と兵士の委員による共和獨裁政治と同樣のもの）が出來、ロシヤではソヴィエト主義が飛躍を遂げた頃、彼の努力は成功を收めたのである。數千の人々が續々彼の傘下に加はつた。一九二〇年五月には一百の會と三萬の會員があつたが、國內の困難に比例して運動は大きくなり、一九二一年十一月には二百二十の會と三十二萬の登錄會員を擁するまでに發展した。一九二一年十一月八日、此等の會は一つの政黨を組織し、「ファシスト黨」Partito Nazionale Fascista と名づけた。その名は前記の「束」に由來するものである。三年半の周到な準備の後、決定的な打擊の身構へが出來た。一九二二年十月二十六日、無數の黑シャツの縱隊がローマに向つて行進し、同日ムッソリーニは國王から組閣の大命を拜した。

ムッソリーニはイタリー統治機構の建設に大なる力を以て着手した。新聞を統制しなければ、國家の統制が出來ぬ事を知つてゐる彼は、新聞紙法の制定に特別の法意を拂つた。一九二四年には全國の新聞が新統制に服し、ファッショ政府の監督下に置かれた。貨幣價値は程なく安定し、經濟は健全な基礎を獲得した。マルキシズムの勞働組合に代つてファシズムの勞働者シンデケートが生れた。議會は今日では最早制限された監督權を有するだけである。それ以外は國家機構全體が獨裁の原則によつ

初めて國王に謁見を賜はり、キリナレ宮殿を退出するムッソリーニ

一九三三年フロレンスの大會でムッソリーニの演說を聞く數萬の大衆。

て統治されてゐる。

ファシズムは既に十三年に亘りイタリーを支配してゐる。この世界觀を創始したムッソリーニは、沒落と荒廢のイタリーから世界の雄邦たるイタリーを作りあげた。彼はその思想を堅持し、强烈な愛國心によつてそれを成就したが、彼の對外政策に對する批判は本書の使命とする處ではない。

ファシスト黨員の總數は一九三四年十二月現在五百五十九萬四千三百六十三である。黨の根幹をなすものはファシスト民兵で、百三十四軍團、三十萬人の兵士、三萬の士官から成り、ミラノ、ボロニヤ、ローマ、ナポリの四司令部が置かれてゐる。特殊の民兵團として道路兵團、國境兵團、鐵道兵團、郵便兵團、港灣兵團及大學兵團がある。これ等の特殊な使命をもつものは勿論、他の民兵團も夫々重要な職務をもつてゐる。第一には少年を保護する事で、バリラから少年戰鬪同盟に至るまでの全然軍事的な豫備訓練を引受けて居る。其の上内外の困難に對して、ファシズムの崩壞を防止する主要な保障となり、或る意味では公共の秩序を維持し、反政府的叛亂を未然に防ぐ大きな政治警察でもある。

ファシストの制服は黑シャツと鼠色のズボンである。

ファシズム運動の機關紙は一九一四年ムッソリーニが創立した日刊「イタリー人民」で、黨の本部はローマにある。

三、ベルギー

十九世紀の當初西歐列强の意志によつてベルギー國が生れた時、初代の外務大臣でフランス生れのシャルル・ロジエ Charles Rogier は、「ベルギーはラテン的であるか、然らざればば存在せぬであらう」と意味深重な言葉を漏らした。

其の後の數十年間、支配者たるクロン族（ベルギー南部に住み全人口の四割五分を占む）が右のロジエの言葉通りベルギーをラテン化すればする程、その壓迫下にあつたゲルマン系のフラーマン族の中に、壓制者に反抗する固き意志と自由に對する憧憬とが高まつて行つた。フラーマン族を救濟しようとする試みは度々なされたが、訓練の不充分、實力の不足に因り皆失敗した。大戰がベルギーの情勢に何の變化ももたらさなかつた時にも、フラーマン民族は一致結束して政治的活動により、彼等の生活權を戰ひ取らうと計畫してゐた。

それで戰後「フラーマン戰線」が創立された。これは戰時中フランダース獨立の夢を實現しようとした、參戰兵士と現役兵との組織した政黨で、一九一九年から一九三〇年迄の期間に目覺しい成果を收めてゐる。その得票數は選擧毎に增加し、一九二九年にはベルギー議會に十二の議席を占めるに至つた。他方其の間に他のフラーマン族の團體の援助の下に、古くからのフラーマン族の要求を大分部貫徹し、軍隊に於ても、政界に於ても、フランダースの中等學校以上の學校に於ても、フラーマン語を使ふ様になり、フランダースの中心ゲントにあつて、過去一世紀ラテン・フランス系精神文化の淵叢たりしゲント大學もフラーマン化した。

これ等の目標こそフラーマン運動にとつての生存問題であつたから、それが達せられると運動の衝擊力がなくなり、且つ「フラーマン戰線」自體も自由主義の潮流に乘つたため、青年達は自然に黨から遠ざかつてしまつた。一九三二年の選擧では以前の十二の議席中八つしか殘らなかつた。黨幹部の中にも社會民主主義に走つた者も少からず、青年は元「フラーマン戰線」の代議士ジョリス・ファン・セヴェレン Joris van Severen が一九三一年十月創立した「ディチェ國民全體主義聯盟」Verbond van Dietsche Nationaalsolidaristen に合流した。この新しく作られた組織は、極めて明確なる社會上、經濟上、政治上の綱領を以て他のすべてのフラーマン運動に對立して居る。

之の「ディチェ國民全體主義聯盟」の運動は、今日のベルギーを崩壊させ、大オランダ國（ベルギーと佛領フランダースを含むオランダ國）を建設する事を目的としたものであるから、他面直ちに現在のベルギー國を肯定せんとする勢力を發生させた事は當然である。「ベルギー國民軍團」Légion Nationale Belge と「國民職能代表者制勞働同盟」（Ligue Nationale Corporative du Travail）とがそれで、國家の現狀を守る事がその指導目標である。

1、ディチェ國民全體主義聯盟

ディチェ國民全體主義聯盟（略して Verdinaso 又は Dinasoとも云ふ）は前述のごとく一九三一年十月元「フラーマン戰線」代議士ジョリス・ファン・セヴェレンが創立したもので、フラーマン族の諸政黨が漸次親佛的自由主義に引摺られて行くのを覺つて、之に對抗する爲民族自決の思想を基礎として創立した國民的フラーマン運動である。

最初ファン・セヴェレンを支持したのは、西フランダースに在る國民的勞働者シンヂケートの約五十の支部であつた。この細胞が國內に宣傳を行つた。この思想は勞働者や農民には勿論殊に青年大學生の共鳴するところとなり、間もなく精神的にも政治思想的にも、國民的フランダーネ派陣營中の主動勢力となつた。その最高目標は職業代表制を基とする大オランダ（即ちディチェ民族國家）の建設にあり、ベルギーの國家とは如何なる妥協をも拒んで居る。

註、"Dietsch" と云ふ語は誤つてドイツと譯される事が間々ある。これはベルギー領フランダースと佛領フランダースとを含むブルグンド人の大オランダ國を指す歷史的名稱である。

この目標を實現することは明らかに前途甚だ遼遠であらう。何故ならば、オランダ人は宗敎上（フラーマン族にはカトリックが多い）及び經濟上の理由から、かゝる計畫にはまだあまり好い顏を見せず、他面歐洲列强がベルギー國の崩壞を譯なしには默過しないだらうからである。

「ベルギー國民團」の指導者
パウル・ホールネルト

「ディチエ國民全體主義聯盟」の指導者。ジョリス・ファン、セヴェレン

「突撃隊」はベルギー國民團の警備隊で、鐵甲で武裝してゐる。
彼等は反對派がブリユセルの本部を襲撃したのを屢々撃退した。

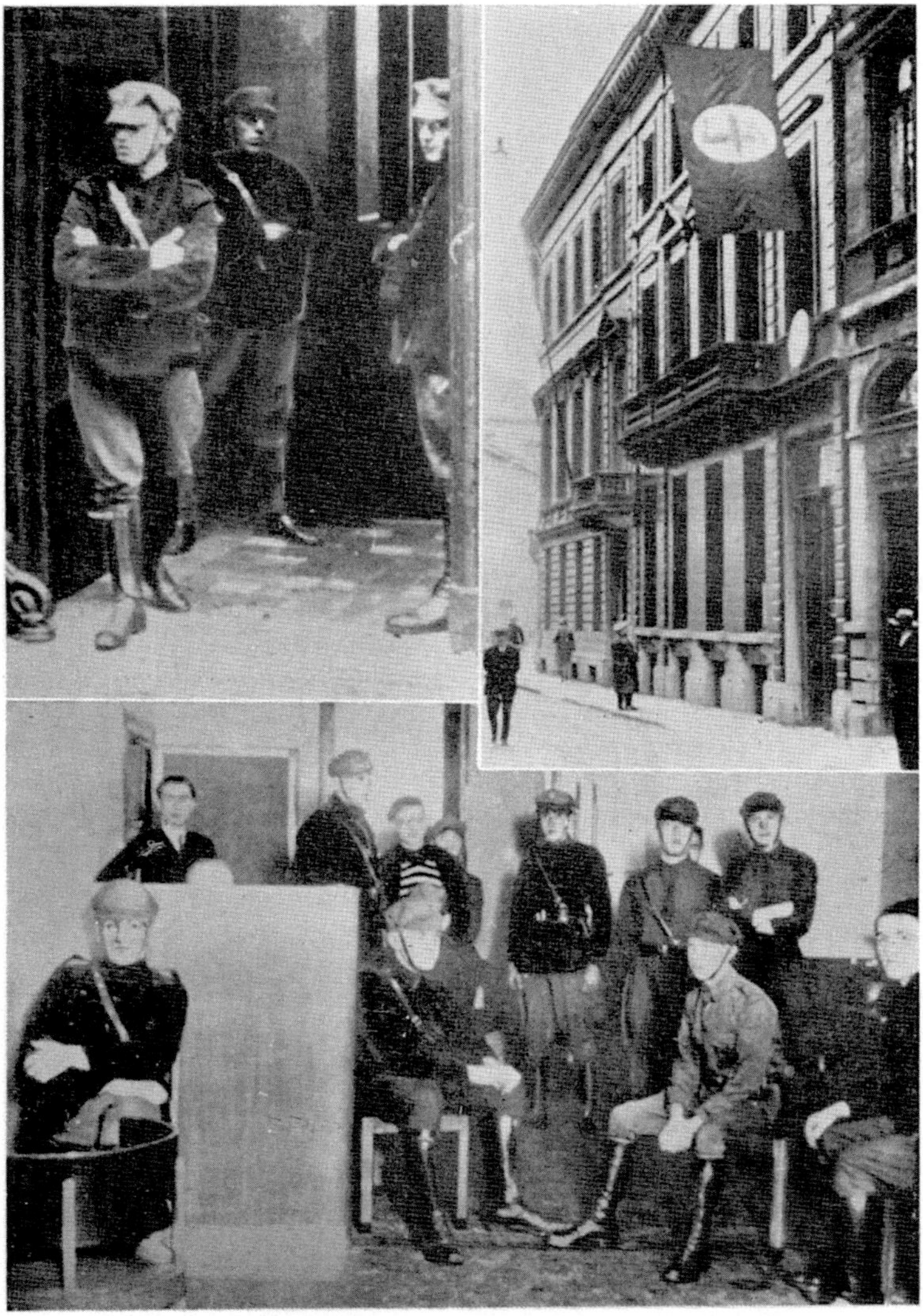

（左上） ガンの「綠色の家」（ディチェ國民全體主義聯盟の家は綠色に塗つてあるので一般にそう呼ばれて居る）の入口を守る同聯盟の警備隊員。
（右上） 聯盟の旗を掲げたガンの「綠色の家」
（下） ブリユセルの「綠色の家」にある同聯盟の警備隊司令部。

「吾人は政黨に取つて代らうとするものである。民族同胞と云ふものゝ有機的性質を政黨は見誤つてゐる。彼等は各自國內に於て勢力を得んと腐心し、その爲に金權の暴君の前に自ら奴隷となつてゐる。彼等は民族に對する裏切りと掠奪の爲の合法的組織體となりつゝある。」

經濟的の見地からは、自由主義から發生した資本主義の無秩序は最早終結せしめよと云ひ、利潤本位の生產組織の排擊を目指して「國民が出來る限りその需要を自ら充足し、且つその子弟が國內で仕事とパンを得られる」ように、民族の物資供給を組織化する事を要求する。その祉會的綱領は要するに「勞働者が所有と決定に參加する樣な有機的な全體的連帶責任制を定め、これによつて勞働者をプロレタリアの狀態から離脫させること」であり、マルクスの「所有とは盜みである」との標語に對抗して、「所有とは奉仕である」といふスローガンを揭げてゐる。公共の利益の爲必要があれば收用も祉會化も到る處で求められる。暴利取得や投機者流には猛烈な宣戰を布告し、フリーメーソンやユダヤ人即ち「自己の利益のために國民を支配しようとする二つのもの」に對しても亦同じである。

此の聯盟は明白に强調された如く、一つの政治運動であつて政黨ではない事を欲して、從來常に選擧に參加するのを拒んでゐたのであるが、政治的組織としての本聯盟の外に、本聯盟の名を冠した「シンデケート聯合」(Verbond van Dinaso-Syndikaten)、「青年聯合」(Verbond van Jongdinaso-Vendels)及「警備隊」(Dinaso-Militie)の三別働體がある。

「ディチェ國民全體主義聯盟シンデケード聯合」はこの運動の主力であり、これこそ後日樹立を計畫したる職能代表制議會の母胎と考へられてゐる。

「少年ディチェ國民全體主義聯盟小旗團」Verbond van Jongdinaso-Vendels は十二歳から十八歳までの者を團員とし、十八歳以上になると「ディチェ國民全體主義聯盟警備隊」に入る。この團員は嚴格な訓練を受け、軍隊式に區分され、制服として暗綠の上衣と褐色のズボンを着用する。敬禮には右腕を上げて「ハイルト・ディナソ」と呼ぶ、團員の鬪爭歌の歌詞は次の通りで、團員の革命的精神を表現したものである。

「全國の青年が何時かは我等の味方となり、我等の隊と共にブリユッセルに進軍せん。よしベルギーの大砲悉く火を吐くとも。」

一九三五年八月、「ディチェ國民全體主義聯盟」運動の第四回地方大會がブリユッセルで開かれ、約八千の會員を前にして、指導者ジョリス・ファン・セヴェレンは「國民全體主義」の原則を説明した。この運動の徽章は劒と鋤と齒車で、これは防衞と勞働の象徵である。旗の色は橙黃・白・藍でオランダに自由を齎した沈默家のウィルヘルム・フォン・オラニエン Wilhelms von Ornien の色である。

公式の言論機關は週刊 Hier Dinaso で、在來の「西フラーマン」De Westvlming と「旗」De Vlag の二新聞が合併したものである。

ブリユセルの「ディチエ國民全體主義聯盟」の家に對して、
反對黨が示威運動をするのを警備するベルギー警察隊。

ブリユセルの「ディチエ國民全體主義聯盟」の家の入口を
警備する警官。

運動の本部は Gent, Korte meire 6 にある。フランダース地方の多くの都市には「聯盟の家」があつて、それが皆綠色に塗つてあるため「綠色の家」と呼ばれてゐる。

2. ディチェ國民全體主義聯盟の綱領

豫て目標とせる處を實現する爲、一九三一年十月「ディチェ國民全體主義聯盟」を創立せり。その政綱を要約すれば次の諸項となる。

一、吾人は政治的國境により分離されたるディチェ民族の同胞が、同一民族なる事を自覺せしめ、この事實を有機的なディチェ民族國家によつて立證せんとする不屈の意志を促進せんとする。

二、吾人は純粹なディチェ國民を形成し、之を基礎として國民の福祉の爲に責任ある國家を建設せんとする。

三、吾人はディチェ民族の國家がその使命を全うする爲に必要なるすべての權能を要求する。即ち

(イ) ディチェ國民の安全を內外共に確保すること。

(ロ) 國民の內部に秩序と正義とを打ち建て、之を維持すること。

(ハ) 精神、物質兩面より一般の福祉を促進すること。

四、吾人は從つて健全なる國民生活を滅亡に導く自由主義組織と、それから發した議會中心民主主義を擊滅せんとする。彼の民主主義は「民衆の主權」なる幻像によつて民衆を欺き、之を無力化

して惡辣極りなき民衆の敵「金錢の權勢者」に賣るものである。

五、從つて吾人は政黨を驅逐せんとする。彼等は同胞の有機的性質を辨へず、國家の內部に於て各々自己の勢力を扶植することに努め、金權の奴隷となつてゐる。彼等は民衆の裏切者、掠奪者等の合法的組織體である。

六、吾人は强力にして義務と名譽を自覺せる政府の樹立を欲す。此の政府は政黨或は財閥の政府でなく、自らの人格、財産及生命のすべてを獻げて、全ディチュ民族の繁榮の重責を擔はんとする錬達なる指導者の政府たることを要す。

七、吾人は國民の社會經濟生活を次の三つの基礎の上に整備せんとす。

（イ）すべての企業に於いて勞働者と雇傭者とが有機的連帶責任を有すること。

（ロ）國家の最高指導機關の下に、國民の福祉の爲すべての事業及び職業が、有機的連帶責任を有すること。

（ハ）國民同胞の正當なる需要を充足すること。

八、吾人は自由主義に由來する資本主義的無秩序の終滅を期す。國民同胞は有機的結合なるが故に、國民經濟は國民同胞の連帶責任を以て結合せられ、全民族の福祉の爲に活動する經濟的單位の協同體たらしむること。

九、利潤のみを目的とする生産組織の終滅を期す。
國民は出來得る限り自給自足し、子弟は自國内で仕事とパンとを得らるゝよう、全國民經濟を組織指導せんことを期す。

國民進歩の目標として、個人的完成と精神的向上の手段として、すべての同胞に人間らしき生活を保證することを期す。

一〇、吾人は職能代表制度の創設により、職業と企業とを公共の原則に則して組織し、以て秩序を作らんとす。
一一、吾人は眞の協同體たる勞働組合、生活組合により左の事項を實現せんことを期す。
(イ) 事業を金融資本の爪牙より解放すること。
(ロ) 勞働者の事業經營の決定權、所有權への參加を有機的、連帶的に規定し、勞働者をプロレタリアの地位より解放すること。
一二、吾人は自然の權利として私有財產を承認する。且つ私有財產なるものは社會に對して有する義務なりと認む。
社會主義者が「私有財產は盜みなり」とのスローガンを掲ぐるに反し、吾人は「私有財產は奉仕なり」との敎義に從ふものである。國家は此の原則に反した者がある時は、その都度立つて公共の利益の爲、必要に應じてその財產を沒收し或は公有化する義務がある。特に暴利、投機、欺瞞不正競爭、トラスト組織其の他消費者の道德を侵害せる場合は嚴重處分をなすべきである。
一三、ディチェ國家と植民地との關係は、第一に道義的責任の觀念に基くべく、その支配權は植民地內外にある破壞的勢力から、守つてやらねばならない土着民の要求に基く。ディチェ國家はその植民政策により、諸民族の將來に於ける社會的、政治的發展を眞實に、賢明に促進する。
一四、來るべきディチェ民族國家は、非常の場合に處する爲職業軍を有せざるべからず。地方國防軍を含む職業軍は身體健全なるすべての市民より成り、地方支部に分ち各地方に勤務するものとす。現今のオランダ國及び來るべきディチェ國の爲艦隊を建造し、植民地及び本國を守備せしむべし。
一五、ディチェ國家はその文化的使命を遂行せん爲、下記の事業に着手し之を獎勵し促進すべし。
（イ）ディチェ國少國民に國民全體主義精神に基づく敎育を施すこと。この精神は秩序、節操、團結心、義務觀念、勤勉及び道德の基本たる精神である。
（ロ）國民の擔ふ精神的使命の遂行を妨げる總ゆる策動に對し、國民固有の傳統を保護し、且つ之を發展せしむること。
（ハ）國民道德及び國家の存立を危くするが如きものを一切撲滅すること。

警備隊の會場への行進

本運動の指導者ファン・セヴェレンの警備隊閲兵。

少　年　團

（一九三五年八月四日ブリュセルの「ディチェ國民全體主義運動」第四回大會より）

吾人は家庭教授（學校教育に代る個人教授のこと）が存在し得る正當の理由を認める。但しその教育は徹底的なものであつて、且つ國民精神教育の統一を破らないものであることを第一條件として、國家の監督に服さねばならない。

一六、ディチェ國家は神を認むる國家たるべきである。ディチェ國家は宗教儀式不可浸の原則を守り、「低地國」の民族がキリスト教によつて得た高度の生活の價値を維持し且つ之が自由を認めること。信仰告白を妨害せず、但しディチェ國家本來の使命に反し、社會秩序を破壞する宗派の如き、此の限りにあらず。

一七、吾人は不動の信仰の表徵たる最大の努力と犧牲を以て、本綱領を規律と秩序の裡に實行せんことを期す。

3. ベルギー國民團 Légion Nationale Belge（L N B）

前掲の「ディチェ國民全體主義聯盟」がベルギー國家を否定するものなるに反し、ブリユッセル在住の辯護士ポール・ホールネルト Paul Hoornaert が創立し主宰する「ベルギー國民團」は、ベルギー國を肯定し、そのこれを擁護することをその政綱とするものである。

此の團體は、秩序と規律と責任とをもつ權威ある政府の出現に努力し、政黨と議會政治を解消し、これに代ふるに職能代表制議會の設立を以てせんことを要求してゐる。又階級闘爭とマルキシズム・

三七

イデオロギーを撲滅し、金權寡頭政治の廢止を要求してゐる。人種問題に關しては、ベルギーの外客權を惡用するユダヤ系外國人を放逐せよと叫んでゐる。

此の團體は又ユーパン、マルムディイの兩地方に特に多大の關心を持ち、ユーパンで撤布された獨文の宣傳ビラには「戰後再び白國領となつた地方の同胞等」は決して見殺しにせず、寧ろ「ユーパン人もマルムディイ人もサン・ヴィテ人もリユテイヒ、ブリユッセル或はゲントのベルギー人と同樣に待遇すべきである」と云つて居る。

團員の第一はワローン人（又はムンダル人とも云ふ。ベルギー南部に住み、全國民の約四十五%を占む）で、突撃隊 Groupes Mobiles を結成し、嚴格な規律に服し、制服は藍色のシャツと黑の鐵甲である。團員數は數千である。

「ベルギー國民團」の公式機關誌はワローン人向には「Légion National」が、フラーマン人向には「Het Legionen」があり、どちらも週刊である。

團體の本部は Lüttich, 15, rue des Anglais にある。

4. 國民職能代表制勞働同盟 (Ligue Nationale Corpoerative du Travail (Linaco)

一九三三年八月、有名な工業家シャルル・ソムヴィユ Charles Somville がこの國民職能代表制勞働同

ベルギー革新運動「國民職能代表制勞働同盟」のポスターで、その反ユダヤ的態度を明瞭に表現してゐる。

「ベルギー國民團」のポスターで、運動の主たる目標ベルギー國の衿持を示してゐる。獅子はフラーマン人、鶏はワロン人のしるしで旗はベルギー國旗

盟を創始したが、これは前の「ベルギー國民團」と同じくベルギー國の現狀維持に全力を擧げて居る。

之の同盟はその綱領中にも、最高の目標は「ベルギー民族の物質的福祉と道德的品位」にあると揭げてゐる。

之の同盟は各種の專門行政會議を設け、之によつて職能代表的政體の樹立、政黨の解消、「不滿な階級の間に蔓莚し、國際ユダヤ資本にのみ奉仕する誤つた敎理」であるマルキシズム世界觀の絕滅、階級鬪爭的思想を宣傳するあらゆる行爲、團體の禁止を要求してゐる。

宗敎はベルギー國民の國民的感情に反せざる限り自由とし、無條件で保護を與へることを保證してゐる。

經濟問題については、同盟は資本主義もトラストも投機も嚴重に抑壓すべきであるとし、銀行の國家統制を要求し、又農業には廣範圍の改革を施し、國民の需要に適應させよと云つて居る。

ユダヤ人問題については、國民が祖先から受け繼いだ財を守る爲に、ユダヤ人に對する特別法を制定せよと要求してゐる。

國語問題については、全國のいづれの地方、いづれの行政官廳でも、兩國語を全然同一視することとしてゐる。即ちその綱領に「官吏はその報告書及び執務に當り、その知れる國語を用ふる權利を與ふべし。ベルギー人は全國いづれの地方に赴くも故鄕に在るの感を持ち得る事を要す」とある。

外交上の綱領としては「自主的にして眞に國民的なる對外政策の恢復」を掲げ、これと關聯して「國際會議に參加するが如き委員會等を禁止する事、これ等の會議は全國民の懐から出た金を食ふ寄生蟲共の寄合ひに過ぎないから、一人のオブザーヴァーを出せば充分である。」と云つてゐる。

同盟員の數は約六千で、そのうち千人は突撃隊 Groupes d'Assaut に屬してゐる。この突撃隊は獨逸のそれとよく似た使命をもつてゐる。

新聞は週間のものが二つあつて、フラーマン人の方は、「Stormloop」ワローンの方は「L'Assaut」と云ひ、どちらも「突撃」の意味である。

同盟の本部は Antwerpen, 32, Rue Oudaen にある。

5. 「國民職能代表制勞働同盟」綱領

我等はベルギー國及び國王の爲行動し、ベルギー國民の物質的福祉と道德的品位とを最高の目標とす。之の目標に達せんが爲次の綱領を定む。

一、ベルギー人のすべてが、尊敬すべき方法によりその生計を立て得らるゝが如き勞働の自由。

二、勞者働雇傭に際しては、ベルギー人は外國人に優先するものとすること。歸化を法律を以て規定すること。ベルギーに不利益な仕事に從ふ外國人を放逐すること。相互主義の原則により外國人の滯在を法律を以て規正すること。

三、責任ある地位は生來のベルギー人に留保すること。

四、貯蓄資本及び生產の保護、投機的資本主義に對する鬪爭、銀行及び株式會社の統制。

五、少數特權階級への富の集中、及びトラストと鬪爭すること。

六、公共物資ダンピングの責任者を起訴すること。

七、農業の改革及び國內に於ける農業と工業の均衡を圖ること。

八、道路網の改良と自動車工業の發展促進。

九、國債法の廢止、公共稅中の多數を一ヶ年間免除。寄生蟲的日當の廢止。

一〇、生產を阻害する消費稅の廢止、かゝる稅金は各人の勞働による收益を破壞す。財政法の簡易化。

一一、老兵の神聖なる權利を尊重すること。背德者、暴利者、搾取者を訴追すること。

一二、法律により職業會議を作り、職能代表制を施行すること。政黨の廢止。

一三、財政に關する地方及び市町村の自治を廢すること。

一四、養老及び疾病保險の改良。

一五、公共衞生の再組織。

一六、ベルギー國の公の秩序に反せざる範圍に於ける宗教の自由と保護。

一七、法制の簡單化。
一八、總てのベルギー人は如何なる言語を用ふるも法律上、事實上平等とすること。
一九、階級闘爭の根絕。マルキシズムの撲滅。
二〇、選擧戰の廢止、社會的選擧權の制定。
二一、我國固有の國民組成を確保する爲、ユダヤ人に對する特別法を制定すること。
二二、自主的國民的なる對外政策の樹立、國際的政治會議への代表派遣の廢止、國際的了解による勞働時間の短縮。
同盟指導者は、その力の及ぶ限り、最大の犧牲を賭して、以上の綱領を實行するの義務を負ふ。

四、ブルガリヤ

他の多くの歐洲諸國に於けるが如く、大戰はブルガリヤにも必然的に大動搖を齎らした。ブルガリヤ國民はその舊來の勤勉な生活を根底から覆へされ、その將來を汚辱と屈從との長き鐵鎖に委ねなければならなかつた。かくて疲勞と貧困の十字路に立つた此の民族は、發作的に經濟的、政治的混亂の中から自からを救ひ出すべき新しきイデオロギーを求めたのであつた。既成政黨――數に於て二十に餘る――はその無能を無益な議會の冗辨に暴露し、國民のこれら政黨への信賴は極度に低下した。革命思想を藏する思潮としては、唯一つ共產主義があるのみであつた。しかし國民的特質と民族意識とが、特に熾烈に發達したブルガリヤ國民に取つては、このイデオロギーは全く特異のものであつた。それでも共產主義は、夢のような約束を以て混亂した民衆をその網の中へ掬ひ上げ、その隊伍を極度に强化したのであつた。その結果としてアレキサンダー・スタムブリスキー Alex. Stambulijski を首班とする農民共產黨が、ブルガリヤの政權を繼承することゝなつたのである。國民の指導者たり得る者は悉く逮捕され、禁錮刑の判決を下された。スタムブリスキー內閣の下に於ける階級鬪爭と、それに伴つて生ずる國土の荒廢とは、國家の存續が問題となる程の危機を齎らしたのである。玆に於て民族意識に目覺めたブルガリヤ國民は自助の手段を選び、一九二三年七月九日在鄕軍人團とマケドニヤ住民のクーデターによつて、こゝに四年に亘つて實權を握つた左傾內閣は倒潰され、スタムブリスキーは暗殺された。

この時に――ドイツ並にイタリーに於ける二つの强力な國民運動に刺戟されて――最初のファシスト的ブルガリヤ革命運動、即ち「祖國防衞黨」Rodna Zaschtita)の基礎が確立された。一九三〇年には「靑少年國民軍聯盟」が結成されてこれに合流した。これは既にその名稱で明らかなる如く靑少年の團體である。その政綱はブルガリヤの國情を斟酌してゐるとはいへ、その本質的な點ではドイツの國民社會主義に則つたものである。一年後辯護士スタリスキー Staliski 博士によつて「國民ファシスト同盟」Nationale Zadruga Faczisti と稱する新團體が誕生した。これは「祖國防衞黨」とは反對にユダヤ人問題を綱領に上げず、徹底的にイタリーにその範をとつて活動するものである。更に又一九三二年の秋に、クリスト・クントシェフ Chrissto Kuntscheff によつて建設され、指導された――著しき發展はしなかつたが――「國民社會主義ブルガリヤ勞働黨」がある。これはその目標に於て「國民社會主義獨逸勞働黨」の政綱と一致するのみならず、その外觀(制服と徽章)に於ても密接にドイツの例に依存してゐた。

一九三四年五月に內閣更迭が避くべからざるものとなり、首相ムシャノフ Muschanoff がグオルギーフ Georgieff にその椅子を讓つたのを契機として、ブルガリヤの內政並に外交政策には根本的な轉向が行はれたのであつた。グオルギーフの持つ國內安定策に從つて、前記ブルガリヤの革新運動全部が解散を聲明した。

1. 祖國防衞黨 Rodna Zaschtita

「祖國防衞黨」は一九二三年の初頭ブルガリヤ首都で、非合法機關として出現したもので、同年農民共產黨派の首相スタムブリスキー暗殺によつてはじめて合法的團體として公表された。その首班は「最高名譽總裁」の稱號を持つたシュコイノフ Schkoionoff 將軍であつた。彼は農民共產黨員の企てたソフィヤ行進を、少數の決死隊で阻止した人物である。最高黨書記長はストヤン・ポルフィロフ Stojan Porfiloff である。

一九二九年のソフィヤ會議で議決されたこの黨の政綱に從へば、彼等は一切の政黨の解散と强力にして權威ある、責任を自覺せる政府の成立を要求し、併せて各職能代表によつて構成せらるゝ協力議會の建設を要求してゐる。

此の黨は更に國家公認の正統的宗敎の擁護と、「單に基督敎解體のみを事とする、あらゆる宗派の解消」を聲明した。

ユダヤ人問題に關して「祖國防衞黨」は次の如き態度を執つた。即ち「我黨はユダヤ人を民族としても、國民としても認めない。元來國民なる概念は國家組織と國民的特質の一連の特徵を前提とし、この兩者を包含するものであるが、ユダヤ人にはこれが認められないが故である。ユダヤ人は組織的な秘密結社(フリーメーソン)、詐欺、不正を代表する。我々の見る所によれば、世界に三箇の社會惡があつて互に結合してゐる。即ちフリーメーソンとボルシェヴィズムとユダヤ人である。故に我黨はユダヤ人が根絶されない限り、我が國民の更生は不可能なりと信ずる。」

經濟政策並に社會政策の分野に於ては、此の黨は賃銀奴隷制に抗して鬪ひ、銀行並に株式取引所の國營を要求し、又一方には勞働と資本の關係を、他方では生產者と消費者の關係を、全體主義的シンデケートの基礎の上に調整せんと努力した。

國家の礎石及び傳統を動搖せしむるが如き者に對しては、總べて遠慮なく最も嚴重なる罰が加へられることを要求する。

學校に於ては愛國的、市民的及體育的完成が最も强く要求せられる。但しその際職業教育が輕視されてはならない。

外交に關しては一九一九年のニューリー及一九一三年のブカレスト平和條約、一八七九年のベルリン條約の廢止を强く主張する。國際聯盟には反對の態度を執り、賠償金支拂の停止を要求し、軍備の均等を主張する。

「祖國防衞黨」は一九三四年五月の解消直前に於て、千二百五十以上の團體が組織され、八萬五千人以上の黨員を持つてゐた。

黨の正式の機關紙は同じく「祖國防衛黨」の名を持つ週刊雜誌である。

2. 青少年國民軍聯盟 Bund der jugendlichen nationalen Legionen

青少年國民軍聯盟は一九二八―九年に多數の學生團から生じた。間もなく力強い青年同盟に迄發展し、既に一九三〇年には二十二團に及び、正式の結團式を行ひ得るに至つた。指導者にはブルガリヤ學生團の團長イワン・ドッチェフ Ivan Dotscheff が當り、世界大戰中のブルガリヤ軍の指揮官ニコラ・ジェコフ Nikola Jekoff 將軍は名譽團員として參加した。

本聯盟の目標としたところは――ブルガリヤの事情に應じて――基本的の諸點に於て獨逸の國民社會主義と非常に似たものがあつた。

かくてその鬪爭は第一には第三インターナショナルの思想に、第二にはベルギー國家の崩壞を任務とするその他の思想に向けられた。傳統と宗教的道德の維持と、青年に對する國民的自覺と矜持の覺醒に努めた。紀律、犧牲心、勇氣、果斷をブルガリヤ國民は示さねばならない。

社會問題に於ける不公平の排除と生產に關係せる全團體全階級の協同を主張する。

ユダヤ人問題に關しては團長ドッチェフは次の如き見解を發表してゐる。

「ユダヤ人を含む總ての外國人は、國家の煩となる場合には國內に滯在するを得ない」と。

黨員數は一九三四年五月の自發的解黨の當時約三萬五千に及んでゐた。これ等の黨員は都市團及び地方團に組織的に結成されてゐた。その中相當多數のものが學校に團體を持つてゐた。學生には青少年國民軍聯盟への加入が禁ぜられてゐたので、學校卒業後初めてこの聯盟に加入することが出來たのである。一九三四年の初頭には女子青年を目標とする特殊團體が誕生した。團員の制服は濃藍色のシャツと帽子であつた。團員の敬禮は右手を擧げて「ブルガリヤのために！」と叫ぶ。これに對する答禮は「ブルガリヤのために我等は生く！」といふのである。

黨の公認機關紙は「プレロム」Prelom と「プロビウ」Probiw といふ二種の週刊新聞であつた。この外知識階級用として、「プレロム」といふ同じ名を持つ特別の月刊新聞があつた。

3. 國民ファシスト同盟 Nationale Zadruga Faczisti

一九三一年初めて「國民ファシスト同盟」がブルガリヤの社會に現はれたのである。その建設者並に指導者は辯護士アレクサンダー・スタリスキー博士であつた。彼はドイツに學び、ウィルツブルグでドクトル試驗に及第した人である。彼の下に七人の黨員よりなる中央秘書局が從屬してゐた。

十ケ條を包含するその綱領によれば、この同盟は黨としての組織を結成し、この組織に政黨の地位を附與せんことを要求してゐる。共產主義、フリーメーソン並に自由主義的共和制の打倒を叫ぶとともに、健全なる中產階級の建設、正統的國教の强化、教育の革新、中央集權のための地方自治制の廢止等を要求した。

經濟に關しては勞資間の健全な狀態の恢復、外交方面ではヴェルサイユ平和條約の修正が要求された。

ユダヤ人問題に關しては、此の黨は同じくファシスト的である祖國防衛黨とは異つた態度を執つてゐた。即ち反ユダヤ主義を認めない、イタリーのファシスト主義にその範をとつたのである。

登錄された黨員は一九三四年五月、即ち自發的解黨の當時には二萬二千人に上つてゐた。男子黨員は突擊部隊として綠のジヤケツに腕章を附して制服としてゐた。

黨の擴張のため、國民ファシスト同盟は「再生」Wazrajdane といふ標題の週刊新聞を刊行した。

4. 國民社會主義ブルガリヤ勞働黨

National-Sozialistische Bulgarische Arbeiter-Partei

一九三二年の秋ベルリンで醫學を學んだクリスト・クンチェフが、ドイツに範をとつて國民社會主義ブルガリヤ勞働黨を創立した。その綱領も大體に於て國民社會主義獨逸勞働黨と一致してゐるが、彼我兩黨の相異は個有のブルガリヤの生活様式によつて制約された點丈である。

此の黨は種々の宣傳を企てたが、黨員の數から言つて政界に勢力を獲得することは出來なかつた。

一九三三年三月幹部の不一致から分裂するに至り、前飛行大尉イリェフ・タホフ Ilieff Tachoff の指導下にある一團はクンチェフから離れて獨立の一黨を樹立し、一時クンチェフより多くの黨員を獲得したが、結局崩壞して仕舞つた。

國民社會主義ブルガリヤ勞働黨の黨員の數は非常に少く千人を超えたことはなかつた。男子黨員はブルガリヤの國旗の色（白綠赤）で彩つた卍十字の腕章（赤地の布に綠の圓に白の鈎十字を表す）を附した褐色の制服を着用した。

公認の黨機關紙として「襲擊」Ataka といふ週刊新聞が刊行されてゐた。

一九三四年五月、新しくゲオルギーフの政權掌握によつて、擧國一致を目的とする建設計畫が公表され、國民社會主義ブルガリヤ勞働黨の解散が可決された。從つて此の黨も亦他のブルガリヤ革新運動と同じく解散じたのである。

五、デンマーク

デンマークは全世界を蔽つた世界經濟恐慌の嵐の時代を、比較的輕度の影響の下に過す事の出來た國である。世界大戰の戰敗の苦惱を持たず、國民疲弊の原因たる賠償金支拂債務の經驗も識らずに濟んだ國であつて、寧ろ反對に大戰によつて惠まれた國であつた。戰時及び戰後のぼろい景氣で、數年の間に國民の生活標準を何等の苦痛もなく、高度に向上させる手段乃至機會をデンマークに與へた豊富な蓄財が出來上がつてゐた。

失業の發生は免れなかつたであらうが、その範圍程度はごく小さかつたから、デンマークに取つて何等危惧する性質のものではなかつた。所が最近數年の裡に經濟的困難は此の國に於いても益々擴大して來た。社會政策の爲の經費は、統制ある國家財政を殆んど不可能とする程の高額に達するに至つた。上下二院より成る國會は、その機構を動員して、舊時代的手段に依り問題を解決せんとした。併し乍ら戰時立法的な增稅に依つて、事態の改善を圖るあらゆる計畫は、全く無效である事が分明した。中でも最も强度に被害を蒙つた生產部門即ち農業の側から、コペンハーゲン政府に救濟歎願を求める聲が益々痛切に高まつて來た。金利及び租稅の重壓に喘ぎ、而かも全デンマーク國民の四分の三以上を占め、國民經濟の中核をなす農民階級は徹底的改革を要望した。併し乍ら國會に席を占める議員達は「協力一致して國家と云ふ大船の舵を取り、之の危機の時代を漕ぎ拔ける」には全く無能力であると云ふこと、又彼等は問題を解決せずして、寧ろ徒らな討論に日を過すに過ぎないと云ふ事實が、益々明白に國民の目に映つて來た。

斯くしてデンマークに於ても益々新しい思想が發展して行つた。この思想は特に農民及び青年層にその温床を見出し、遂に次の諸要求に具體化するに至つた。即ち現代議會制度よりの離脱、マルキスト的階級鬪爭思想の打破並びに國民的民族共同體の確立これである。

國家革新を目指す諸勢力を組織化し、「強大な一ブロックに形成する事業こそ、一九三〇年十一月デンマーク國民社會主義勞働黨を、退役騎兵大尉レムブケ Lembke が組織した際の目的とした所であつた。

1. デンマーク國民社會主義勞働黨
Danmarks National Socialistiske Arbejder Parti (DNSAP)

デンマーク國民社會主義勞働黨は前に述べた如くに、一九三〇年十一月退役騎兵大尉レムブケの創立したものである。當初の活動範圍は專らノルトシュレェスヴィヒ Nordschleswig 方面に局限されてゐたが、その宣傳は漸次全國土に手を伸ばすに至つた。

デンマーク國民社會主義勞働黨の政綱は、ドイツ國民社會主義（ナチス）の綱領を大部分基礎としてゐる。そして黨の徽章は卍十字である。

所が一九三三年七月黨指導幹部間の軋轢の結果、騎兵大尉レムブケは黨首領の位置を追はれ、その後繼者として醫師のフリッツ・クラウゼン Fritz Crausen 博士が、大多數の投票を得て選出された。大戰頃迄獨逸に留學して、ハイデルベルヒ、フライブルク、キール諸大學にて醫學を修めたクラウゼンは、ユトラント の黨支部指導者であつた。一方レムブケは、彼に心服する小數黨員と共に一新黨を結成し、この黨はデンマーク國民社會主義勞働黨と云ふ同じ名を冠したが、黨の機關紙たる週刊新聞「國民社會主義者」(National-Socialisten) はクラウゼンの下に居殘つたゝめ、レムブケは「攻擊」Angreb と云ふ新しい新聞を發行した。併し此のレムブケの新政黨も、新聞「攻擊」も短命に終り、レムブケはかくしてデンマークの國民社會主義者間に全く地位を失つてしまつた。

之に反し、クラウゼンに率いられたデンマーク國民社會主義勞働黨は、注目すべき發展を遂げた。一九三二年及び一九三三年のアペンラーデ Apenrade 及びトフトルンデ Toftlunde の、千或は二千餘の參加者に過ぎなかつた黨大會のそれに比し、一九三四年ゼーラント Seeland のスラゲルゼ Slagelse で行はれた黨大會は、實に一萬五千人を集める事が出來た。その中二千五百人は突擊隊員である。

クラウゼンはスラゲルゼの黨大會でデンマーク國民社會主義黨の目的を再度概括要約して左の如く

述べて居る。

「祖先に對する崇拜は現代のわれ〳〵子孫に、誤れるデンマーク民族を革新し、幸福なる未來に導く義務を課する。之の事は民族性に反する現存の諸制度を血液に依り、歴史に依り結成せられる共同社會に變革する事に依り實現されねばならぬ。その共同社會に於いてこそ、矜持と名譽心が往時の北方民族的特性として復活し、社會正義と國民的名譽に溢れた新デンマークが實現されねばならぬ。故に所有權を絕對權であつて、何等義務を負ふものでないと見る無力なる保守主義を、民族的有機體をばら〳〵に解體し、總てのもの、總てのものに對する闘爭を喚起する欺瞞的な自由主義を、又アジア的腦髓から出て來た階級闘爭的マルキシズムの、これ等すべてを打倒し、そしてハーゲンクロイツの古來の太陽象徵に從ひ、國民的團結を結成すべき義務を持たん事、民族に對する信仰歸依に肯定的內容を持たしめん事等、これこそ自己の種族に對する愛であつて、決して憎惡ではない。それは他種族に對する防衛に過ぎない。」

而してスラゲルゼ黨大會は、デンマーク國民社會主義勞働黨と他の二つの現制度に反對する非政治的機關即ち、J・A・K (Jord-Boden, Arbeide, Kapital) とL・S・運動 (Landbrugernes Sammenslutning) との間に、協力を約定せしめた事により特別な意義を持つのである。前者はフエーデルの思想(利子奴隷制の撤廢)を基礎として新金融制度を樹立せんとする、經濟政策的目的を追及する組合運動であるに反し、後者は農民階級の負債苦救濟及び民主主義政府の農民權利の等閑視是正の爲に、戰はんさする急進的農民運動である。兩運動の代表者は、黨大會に於いてクラウゼンの黨に對する協力の意志を明らかにし、民衆の嵐の如き喝釆の下にユダヤ人に對する强力な宣言を發表したのである。

一九三五年五月、ノルトシユレスヴイヒで行はれた市會議員選擧に、デンマーク國民社會主義勞働黨は彼等の最初の議員を送る事が出來た。而かもそれは三十七議席の中三席を獲たのである。同年十月の下院議員の總選擧では、デンマーク國民社會主義勞働黨は初陣であつたが、全投票數一、六四六、一二八の裡一六、二一七票をその候補者に獲得する事が出來たのである。デンマーク・ナチスがこうした情勢にあるにも拘らず國會に議席を獲る事が出來なかつたのは、彼等が大地域即ち首都或はユトランドに於いて、いづれも當選するに必要な票數を獲得する事が出來なかつた爲である。

政治的機關の他に、デンマーク國民社會主義黨は二つの組織體を有してゐる。其の一つは National Socialistisk Ungdom (N・S・U)で、それはドイツ・ナチスのヒットラー靑年團に極似した機關、今一つは Storm Afdelinger (S・A) 即ち突擊隊である。此の突擊隊員は滿十八歲以上の若者である。鬪爭デモの歌はホルスト・ヴェッセルリード Horst-Wessel-Lied を殆んど逐語的にデンマーク語に譯したものである。目下制服着用禁止令に依り制服は着用する事が出來ない。

黨の中央事務所はクラウゼンの住居である南ユトランドのバウループにある。

2. デンマーク國民社會主義勞働黨政綱

デンマーク國民社會主義勞働黨の目的は種族、政治、經濟及び文化に於けるデンマーク民族の再建である。

黨の行はんとするものは自由を求むる鬪爭であり、デンマーク民族をユダヤ的唯物精神の支配下より解放するための鬪爭である。

デンマークの國民社會主義勞働黨は筋肉勞働及び精神勞働に從事する者を包括する。

此の黨の政綱は將來の爲の政綱である。

黨の鬪爭は政綱に揭げられた諸目的の實現の爲に行はれるものである。黨首領は——若し此等諸目的が貫徹された曉に——單に國民大衆の裡に人爲的不滿を搔き立て、黨の存續を可能ならしめんとする如き意圖を以て、新らしい目標を樹立するが如き事はないことを斷言する。

一、吾人は民族自決主義の大旆の下に、全デンマーク人が一致團結して生活する事を要求する。

二、吾人はデンマーク國內のボルシェヴィズム前衞即ち、デンマーク共產黨を即時解散し、その存續を法律に依り禁止する事を要求する。

三、吾人は我が民族が生活し得て、且人口增加の爲の餘地があり得る樣、國土及び植民地を要求する。

デンマーク國民社會主義
勞働黨突擊隊員

デンマークの僧侶と會談中の「デンマーク國民社會主義勞働黨」首
ドクトル・フリッツ・クラウゼン

黨首フリッツ・クラウゼンの檢閲を受くるデンマーク突擊隊員。
デンマークの制服禁止令に依り黨員は皆私服である。

四、吾人は吾等自身の家に於いて支配者である事を要求する。民族同胞のみ公民たるの資格を有す。民族同胞とはデンマーク民族の血液を傳へたるものゝ謂である。ユダヤ人は斷じて民族同胞にあらず。

五、公民にあらざるものは外來人と看做す。從つて彼等は外國人に關する法規の適用を受くべきである。

六、吾人はユダヤ的反國民的精神の影響下にある、すべての小中學校、高專、大學を即時閉鎖し、その教師、教授にデンマーク人の教育者たるに適はしき國民的教育を與へたる後に於いて、再開校すべき事を要求する。

吾人はグルントヴイクの創立した學校が國家に依り引き繼がれ、創立者グルントヴイクの精神に復歸せしめられる事を要求する。

七、唯國民のみが國政の運用と立法に參與し得る。國に於ても自治團體に於ても公職に就く者は唯國民に限る。

吾人は人格、能力を無視し、單に黨利の視點からのみ選ばれた腐敗政黨政治の代表者を排撃する。

八、非デンマーク人のデンマーク移住を禁壓すべし。

九、國民は皆平等の權利義務を有す。
一〇、國民たるものゝ第一の義務は、精神的或は肉體的に生産に從事する事である。各個人の活動は公共の利益に反すべからず。公共の利益に奉仕するものたるを要す。
一一、故に吾人は不勞所得を排擊する。
是れ國家民族を、國際的金融資本に隷屬せしめる利子奴隷制度からの解放である。
一二、吾人は金錢投機はすべて不道德にして、國家に害を及ぼすものと考へる。一九一四年八月以來投機に依つて得られた財産は全部沒收すべきことを要求す。
一三、吾人は全トラストの國有を要求す。
一四、吾人は大企業の利得に參加せんことを要求する。
一五　吾人は老齡の人々に對する經濟的保證を要求する。
一六、吾人は健全なる中産階級の確立と維持とを要求する。大百貨店を自治體の所有とし、之を低廉に小商業者に賃貸すること。國家及び自治團體への給附の際小商業者の立場を顧慮するを要求す。賃銀値上を無效ならしめる過當なる中間商人の利得を排除すべし。
一七、土地及び家宅に關する私有權が、土地投機防止法の制定に依つて、安定せしめられる事を要求する。公共の要求ある場合には、國家は當該私有財産を國家が決定する代償を以て、取得するの權利を有すべきものとする。

一八　吾人は公共的利益を害する一切のものに對して、飽くまで鬪爭する事を要求する。投機業者及び暴利所得者はその宗敎の如何を問はず死刑に處すべし。

一九、吾々は出來得る限り、他國の精神的所産の藉りものに非ざる國民的、デンマーク的法律の發展並びに刑法、新訴訟法の制定を要求する。

二〇、勤勉有爲なるデンマーク人に高等の敎育を施し、之に依り指導的位置に到達する機會を與へるため、國家は全國民敎育の根本的再編成に努力すべし。學校の敎育方針は實生活の要求に適應せしむべし。國民思想は小學校に於て、出來得る限り早くより敎へられねばならぬ。吾々は貧困なる家庭の兒童はその階級の如何を問はず、特に優秀な才能を有する限り、國費を以て敎育すべき事を要求する。

二一、國家は國民の健康增進の爲必要なる手段を講ずべきである。――即ち遊戲場、公園、競技場、會館、水泳場、海水浴場及び山林公園を設けて之を一般民衆に解放し、且適當な指導と監督の下に、毎日二時間迄はスポーツと體操の爲學校が使用し得る樣設備する。全人民に義務的體操並びにスポーツを課する事。

二二、吾人は現在の國防設備を即時除去し、之に代ふるに攻擊に適する軍隊と、艦隊の設置を以てする事を要求する。軍隊と艦隊は唯一階級の士官を持つ事を許される。

二三、吾人は新聞に依るあらゆる政治上の虚報及びその傳播を、法律を以て取締ることを要求す。デンマーク的新聞の創設を可能ならしむる爲、吾人は左の事項を要求す。

（イ）デンマーク語で發行される諸新聞の編輯者並びに共同者は、悉くデンマーク民族同胞たるべし。

（ロ）非デンマーク新聞は政府の許可を要し、デンマーク語を以て發行することを得ず。

（ハ）デンマーク人ならざるものがデンマーク新聞の會計に參與し、或は影響を與へることは法律に依り禁止し、違反せる場合發行の停止及び、當該非デンマーク人の國外追放を以て處罰する事。

公共の利益に反する新聞は禁止すべし。吾々は民族精神を毒する藝術的文學的設備、諸事業の法的追及を要求す。

二四、吾人は國家の安全を脅威し、或は國民を害せざる限り、信教の自由を認む。我黨は既成基督教に歸依するが、一定の宗派に拘泥せず。我黨はユダヤ的唯物主義を排撃し、我が國民の更生は「公益は私益に優先す」との標語に基いてのみ可能なりとの信條を有す。

二五　以上の綱領を實現する爲、吾人は國土及びその組織全般に亘り、絶對的權威を有する强大なる國家權力の確立、職能代表議會の設置を要求す。

本黨の指導者は生命を賭して、上述の目的達成の爲邁進すべき事を誓約する。

× × ×

一九三〇年十一月十六日、コペンハーゲンに開催せられたるデンマーク國民社會主義勞働黨創立大會に於て可決せられたる上述の政綱は、目的の達成せらるゝまで寸毫も變更を許さず、達成の曉は黨及び黨員は解散するものとす。

一九三〇年十一月十六日

コペンハーゲンに於いて、

議會主義の傳統國英國に於いても、國民社會主義的ファショ思想の潮流は、既に比較的早期から流れこんでゐたのである。

六、英　國

英國民の革新を反議會主義的ファショ的な線に沿つて行ふ事を目的とする。團體の最初のものは「國民ファシスト黨」と「英國ファシスト黨」であつて、彼等は既に一九二三年、恰もムッソリーニに率ゐられたファショ黨員が、首都ローマに向つて進軍した年に結成されたのであつた。前者がイタリー・ファシズムの綱領を殆んど百パーセントそのまゝ借用し、而かも責任有る指導者を缺除せる結果、短時日の裡に瓦解の運命を見たに反し、後者「英國ファシスト」黨は結黨より現在に至るまで既に十二年餘の歳月を閲みしてゐる。

その後時の經過につれて、數箇の團體が相次いで結成されたが、彼等は大なり小なり、兎に角見るべき成果を得て、國粹主義と社會主義との結合をこの國の思想界に移す事に努め、青年的、理想主義的情熱を以て、英國民を精神弛緩狀態より搖り動かし覺醒せしめんとしてゐるのである。

英國ファシスト同盟 British Union of Fascist は此の點に於て特殊な意義を持つと言はれる。即ち一九三二年にオスワルド・モズレー卿 Oswald Mosley に依り創立されたものであるにもかゝはらず、既に今日他の英國革新諸團體をその實力に於て遙かに凌駕し、且英國政府の態度決定にも漸次或る程度の直接的影響力を及ぼすに至つたのである。若し此の政黨の發展が從來の如き勢ひで進んで行くならば——現在その發展を否定せしめる如き要因は少しもない——一九三六年の次期國會議員選擧には、政界に驚異的な變化を捲き起すことゝ豫想させる。

1. 英國ファシスト黨 British Fascist (BF)

英國のファショ團體中最古のものであるこの英國ファシスト黨は、一九二三年英國婦人アール・エル・リントーム・オーマン孃 R. L. Lintorn Orman に依り創立されたものであるが、一九三四年黨指導者が變更し、陸軍大佐ブリース・ウイルソン H. C. Bruce Wilson が黨首の地位に就いた。

此の團體の最初の目的は反共產主義的啓蒙運動に限局されてゐたが、歲月の經過と共に政黨的團體となるに至つたのである。

二十四項目より成る綱領の示す如く、政黨政治の撤廢と、强力な責任觀念の旺盛なる政府の統治する職能代表國家の建設、自由主義的、共產主義的思想潮流の絕滅、並びに只管業績、人格及び勤勞に基礎を置く新價値標準の採用に依る、あらゆる階級差別の撤廢を要求するのである。

ストライキやロックアウトを禁止し、勞働者と雇主との間の爭議は國立調停裁判所により解決されねばならぬと主張する。國家經濟に關しては、金本位制の廢止、貨幣本位より物品本位制への轉換を要求してゐる。

國家革新に關しては、英本國と其の植民地とを結合せしめる君主國政體はあくまで維持すべきものとしてゐる。

人種問題に就いては猛烈な反ユダヤ主義を採つてゐる。公職は只英國民族のみ之に任せられる資格を有すべきであると云ひ、ユダヤ人は英國籍を與へられざるものとし、英國々民の財政的、政治的、文化的利益に影響を與ふるも如き事は絶對に許さないのである。一國民の貴重なる財産たる、血統の純潔を守らんとする彼等の鬪爭について特筆すべきは、英國領土に於いて白人種の女と關係せる有色人種の嚴罰を目的とする法律の發布を要望してゐる點である。

外交問題に就いては國際聯盟脱退と、英國に他の國家に對して武力干渉の義務を課するが如き全條約の廢棄が要求されてゐる。そして全世界國民に對する好意的な中立主義的外交政策が提唱されてゐる。

その閲みした歳月にかゝはらず、英國ファシスト黨は英國政界に決定的勢力を得るに至つてゐない。

黨員數は約二千人、機關誌は月刊誌「英國ファシズム」British Fascism である。英國ファシスト黨本部はロンドン市S・W・區一番地街ステフェンス館にある。

2. 英國ファシスト黨政綱

英國ファシスト黨政治部は、彼等の政綱に關して左記の如き聲明を一般に發表してゐる。

英國ファシズムは政權獲得に努力する。英國ファシストの觀る所に依れば、政黨政治制は既に時代遲れになり、最早二十世紀の要求に副はない。

二つの政體間にのみいづれを執るべきやの選擇の餘地が殘されてゐる。即ち國民主義的、現實的政策を有するファシズムか、或は國際的目的を有し、階級鬪爭理論と宿命的經濟理論を有する共產主義か、二つの中の一つである。

全英國人は今や政黨政治が廢止され、國民主義と共產主義との間に、政權鬪爭が戰ひ拔かれるべき時が來た事を認識せねばならぬ。

新時代の曙光は見えそめた、此の新時代に於いては、すべての古き理念や價値はその位置を失ふのである。ファシズムこそは、それは一民族共同社會の各階級に取つて、進步と秩序と規律と福祉への道なるが故に、唯一の安全な健全な現下の困難を打開する途である。英國民は速かに兩陣營のいづれかに屬する必要がある。かるが故に英國ファシスト黨政治部は、此處にその綱領二十四項目を揭げたのである。かくて黨は、大ブリテン國のファシスト國家が建設されるべき土臺を建設しつゝあるのである。

一、英國の全世界に亘る領土に於いて、母國との紐帶である君主政體の維持。

二、政黨政治を排擊し、勞働者、商工業者、俸給者、雇主の各階級各部門を通じて形成さるべき、職能代表國家を以て之に代へる事。
三、國家は國民各個人、階級及び利害關係以上に存在すべきものであり、すべてのものが國家の中に統合せらるべきであり、如何なるものも國家に反對の態度を執ることは許されない。
四、階級對立の撤廢、業績、人格及び勤勞のみが新時代の人間の價値標準となる。
五、總解雇及びストライキの禁止。國家權力による調停をなす事。之が爲の調停機關の整備。
六、全英國民兒童に對する教育の機會均等。
七、貧民街の住宅改善、都市計劃の樹立、社會救濟機關の改善整備、現行利息法規の修正、利息制限法の制定。
八、失業に關する根本對策。全英國民に職を與へ、生計を可能ならしめる事。
九、英國及び植民地の商品、生產物及び勞働者の大英帝國內に於ける特典附與。雇主は本國に於いては英國人勞働者を雇ふ樣督勵する事。外國人の進出及び外國人に依る競爭に對し、英國商人を充分保護する事。
一〇、英國商船には英國人水夫を使用する事。
一一、個人企業の奬勵、中小商業者を大企業、トラスト及びカルテルに對して保護する事。
一二、生活必需品に關する相場投機の禁止。銀行業の管理並びに國家事業よりの國際金融の排擊。

一三、國家の利益に資する範圍內に於ける個人私有財産の保護。貪婪なる追利的行爲の排撃。生活必需品の賣惜み並びに、民族共同社會に害毒を流すが如き一切の行爲の排撃。

一四、産業の改革——機械使用に依る生産力の擴充。賃銀引上に依る消費の擴大。勞働時間短縮による勞働者生活水準の引上げ。

一五、農業改革——農業資源の組織化。適當なる土地の開墾を地主に督勵する事。農産物の直接販賣と農業勞働者の賃銀改善。

一六、金本位制の廢棄、物品本位制の創設。

一七、歸化法の嚴格化。

一八、英國民族血統の男女のみが議會に議席を占め、又公職に就くを得る。

一九、ユダヤ民族の血統の者は外國人と看做す。彼等は公職及び英國民族の財政的、政治的、産業的並びに文化的利益に關する支配的地位に就くを得ず。且選擧權を有せざるものとすべきである。

二〇、詐欺犯人、放火犯人、破産者に對する峻嚴なる立法。白人奴隷賣買(婦女賣買)、阿片賣買、隱匿罪及びその他のユダヤ的賣買に對する峻嚴なる立法

二一、英國土に於いて、白人婦人と同棲する有色男子に對し刑法的處置を行ふ事。

二二、國防――國家の戰鬪力は、母國及びその領土を防禦するに充分なるものでなければならぬ。

二三、外交――英國民族及び領土の諸權益の擁護。英國民族に好意をもつ國民との友好關係。他の國家に敵對して武力干涉をなすべく英國を義務づける所のあらゆる條約の廢棄。全世界國民に對する好意的中立政策。國際聯盟よりの脫退。

二四、植民政策――政治經濟委員會の創設。母國は植民地領土に對し、古參者として英國の運命を指導すべきである。印度及愛蘭に於ける强力政策。國家は植民地並びに自治領に於いて英國の名の尊嚴、正義、威望の確保を監視せざるべからず。

3. 英帝國ファシスト聯盟 Imperial Fascist League (IFL)

英帝國ファシスト聯盟は、一九二八年英京ロンドンで創立された。聯盟幹部は最初五人の男子聯盟員より成り、之が指導に當つてゐたが、幹部中四人は順次に姿を消して、一九二九年の初め陸軍大尉アーノルド・エス・リーズ Arnold. S. Leese が獨裁首領となつた。

本聯盟は英帝國ファシスト聯盟の名に拘らず、聯盟の目的に就いて見れば伊太利式ファシズムよりはむしろ、ドイツ式國民社會主義に似てゐる。この事は聯盟章としてハーケンクロイツを用ひてゐる事だけでもわかる。その政綱は「英國ファシスト黨」と大體一致してゐる。即ちマルキスト的世界觀の絕滅、職能代表議會の設置、物品本位制の採用並びに國際聯盟脫退の諸事項は、本聯盟に於いても

彼等の黨首オスワルド・モズレー卿の演說を聞くためにハイドパークに集合した黑シヤツを着用せる一萬餘の群衆。

英國フアシスト聯盟の黨首ロンドン・ハイドパークに到着し之を迎へた黨員が腕を擧げて數分間歡呼してゐる所。

英國ファシスト聯盟の創立者にして且盟主たるオスワルド・モズレー卿

反ユダヤ人「英帝國ファショ同盟」の指導者、海軍大尉アーノルド・S・リーゼ

英國ファショ聯盟の宣傳部に新入黨員の加盟申込が山積してゐる光景。

中心綱領となつてゐるのである。人種問題に關しても聯盟の態度は英國ファシスト黨と同じである。リーズ自身、一九三四年十一月七日號の「プロシャ新聞」に掲載された一論文中に、明確に次の如く述べてゐる。

「英帝國ファシスト聯盟の第一歩は、最大にして且最古の英國ファシストたるエドワード一世の先例に從ひ、ユダヤ人と云ふユダヤ人を全部此の島國より追放する事であらう。出來る丈早くユダヤ人に民族的國家を再興する場所を與へてやるべきである。さういふ場所を彼等は金で購入出來るし、そこで彼等は相互に平和に一致して生活出來る筈だ！一定の時期が過ぎれば、如何なるユダヤ人にも英本國内では出會はない様になるであらう。

ユダヤ人に對する單なる嫌忌が、此の目的に我等を驅るのではない。之の場合もつと偉大なものが問題なのである。即ちアーリヤン人種たる英國民族の心の中に、種族意識の復興する事が必要なのだ。その自然的結果として、アーリヤン人種に屬する他の北歐民族就中ドイツ民族及びスカンヂナヴィア民族との間に、緊密な恒常的友好關係が結ばれるであらう。而して之の友好關係は相互の尊敬、即ち眞の世界平和の唯一の基礎の上に建設されるものである。英帝國ファシスト聯盟は、佛國、伊太利その他の國々に於けるアーリヤン人種分子の存在と、その重要性を否認するものではない。われ〳〵は佛國に於いてフリーメーソン運動が行はれ、防止する事を知らぬ私生兒化傾向——

アーリヤン人種と他人種の混血を稱す――が、あの大國を益々侵蝕して行くのをはつきり見る事が出來るのである。

榮えゆく農民階級の基礎の上に立つ大ブリテンのアーリヤン民族的文化――之こそ吾等が努力の目標である。」

聯盟員の數は比較的少く――登錄された聯盟員數は約三千――從つて此の聯盟には目下の所さして大なる政治的意義が與へられて居らない。聯盟員の一部を以て英帝國ファシスト親衛隊が組織されて居る。彼等は卍十字腕章を附けた黑シャツを制服として着用してゐる。そして先づ聯盟自身の集會防衛の役目を果たすのである。

本聯盟の機關誌は月刊「ファシスト」である。

職盟中央事務所は London W. C. 2. 30. Craven Street にある。

4. 英國ファシスト同盟 British Union of Fascists (BUF)

一九三二年九月三十日當時三十四歲のオスワルド・モズレー卿は十四人の同志と共に英國ファシスト同盟を創立した。

極めて才能ある政治家で雄辯家たるモズレーは、ウインチエスターの公立學校を卒業後、軍人志望だつたのでサンドハーストで見習士官となつた。大戰には士官として最初ランサー（ウラーネン）十六聯隊に屬して參加したが、後に航空隊に移つた。一九一六年に脚部重傷の爲除隊となつた。

二十二歲の少壯にして、彼は一九一八年政治家的生涯のスタートを切つた。卽ちハロー選擧區の保守黨議員候補者として選擧に打つて出たのである。後に至つて保守黨より離脫し、一九二三年には無所屬として立候補した。間もなく下院で勞働黨に入黨し、第二次マクドナルド內閣（一九二九――三〇年）に僅か三十二歲の若冠にして無任所大臣となつた。然るにある問題の爲モズレーは勞働黨を離脫し、その直後に大臣の職をも辭した。他の同志である議員連と共同して彼は經濟的政見を發表し、その中で計劃經濟的思想を明らかにした。これは一九三一年二月、彼によつて組織された「新黨」の基礎綱領となつたのであるが、しかし此の一種の共同聲明書の連署者は新黨に參加しなかつた。その後間もなく行はれた選擧にはモズレー自身落選の憂き目を見た。然るに之の敗戰が實に英國ファシスト同盟の誕生の機會となつたのである。

「大英國人」The greater Britain と題する著書にモズレーは彼の代議士時代と大臣時代の經驗と思想を書き誌し、同時に英國政治改革の方針を明示したのである。かくて此の書はモズレー運動の聖典となつた。

前記の著書に揭げられた政綱によると、英國ファシスト同盟は現今の議會制度の根本的改革を企圖するものであつて、百餘年前に現在とは異つた狀態に於て、それに適するように作られた諸制度は、今日何等の存在理由も持つてゐないと云ふ根本思想から出發してゐるのである。

同盟は職能代表議會の設置及び現在の上院議院を職能代表制に變化せしめる事、並びに現在の職工組合及びシンヂケート組織を解散して當該職能機關に再組織する事を要求する。ストライキは違法とし、階級鬪爭は全く禁壓すべしと主張し、「國民はその一部を形成する勞働者も、産業の成果と利得の割前に與かるべきである。」と言つて居る。

農業政策に就いては國內生産額の倍加を目的として、增産三年計劃の樹立を要求する。商業政策に就いては下記のモットーに依る。即ち「英國は英國の物品を買ふ國の物品を買ふ」。賃銀の引上げ、購買力の增進に依り、産業は輸出市場より國內市場へと目標を轉換すべきであるとする。

君主政體か共和政體かの問題は、英國ファシスト同盟には存在しない。同盟は大英國が君主政體である事は決定的の事と看做してゐるからだ。

ユダヤ人問題に就いては、創立時代に於いてはその指導者の口を通じて、繰返し〳〵同盟は排ユダヤ主義は考慮してゐないと確言してゐたが、時の經つにつれ、ユダヤ人一派から同盟に對する攻撃が盛んとなるに伴ひ、遂にモズレーは彼の本來の立場を捨て、反ユダヤ的立場を執らざるを得なくなつた。

ユダヤ人に對する之の立場の轉換は、モズレーにより一九三四年四月二十二日、アルバート會館に

逆卍字を附した英國國旗。
英帝國ファシスト聯盟の盟旗

英國ファシスト同盟の指導者オスワルド・モズレー卿がロンドンハイドパークに於いて婦人黨員の分列式を閲兵してゐる所。

一九三四年四月二十二日、始めて十萬人を收容するロンドン・アルバート會館即ち英國の最大の集合會場を滿員にする事を得た英國ファシスト聯盟大會。寫眞はその盛況、演壇(前方)に立てるは黨首オスワルド、モズレー卿。

演說中のオスワルド・モズレー卿、これは二時間に亘り非常な熱辯で行はれた。

於いて行はれた大衆示威大會に於て初めて明言されたのである。彼は十萬人の聽衆の嵐の如き拍手の下に宣言して曰く、『その信教に依つては吾々は何人と雖も追求するものではない、ユダヤ人に就いても然りである。併しユダヤ人がユダヤ民族的利益を吾等祖國の利益に優先せしめんとするか、或は又多くのユダヤ人が實際行へる如く、共產主義、國際金融、利子奴隷主義に關係せんとするならば、吾等は彼を立ち處に排擊せんとするものである。英國のユダヤ人は英國ファシスト同盟に猛烈な攻擊を加へた。「ユダヤ・クロニクル紙」は不敵にも吾等に虛構の記事や惡罵を浴せかけた。此の卑怯な、恥づべき戰ひは昨日其の最頂點に達した。ユダヤ人は私に警告したのである、もし吾々がファシスト英國を志ざすあらゆる運動を即刻停止せぬならば、彼等は凡ゆる手段を盡して吾等に挑戰するだらうと。それに對する私の答は「やつて見るがいゝ」であつた。』

此の全く明瞭な指導者の言葉にユダヤ人は明白な宣戰布告を以て答へた。

政權獲得を英國ファショ同盟は平和的な、又憲法に定まつた方法により實現しようとする。即ち現行の選擧制度に依り國會の議席を占領して行はんとすのである。從つて現在、一九三六年に行はれる選擧の準備をおさ〳〵怠りないのである。彼等は全英國の都市にその候補者を押し立てようとしてゐる。

英國ファシスト同盟の加盟員數は現在約百萬に達する。之は六〇〇餘の地方分團に分れて居り、男子同盟員の一部はドイツ突撃隊に類似した組織たる防衛隊に組成され、又一部はドイツ・ナチスのSSに類似した防衛兵團に組織されてゐる。兩隊に屬するものは制服として黒シャツを着用する。一九三三年以來特別女子班が結成され――彼等も亦一定の制服を着用してゐる。

此の運動の機關紙は週刊紙「黒シャツ」The Blackshirt で、これは從來の二新聞「黒シャツ」と「ファシスト週報」とが合併したものである。

英國ファシスト同盟の中央事務所は、London S. W. 1. Great Smith Street, Sanctuary Buildings にある。此處では常に六〇〇乃至七〇〇人の事務員が働いて居り、又五〇〇人の防衛兵團が待機してゐる。この他に黨指導者の母、エリザベス・レディ・モズレー Elizabeth Lady Mosley の指揮する女子黨員の特別本部がある。尙モズレー運動はロンドン丈でも五十ケ所の地區本部を持つてゐる。

七、エストニア

1. 愛國自由鬪爭同盟 Verband der Freiheitkämpfer

「愛國自由鬪爭同盟」は一九三四年三月政府の彈壓により解散されたが、それまではエストニアの國民思想の唯一の支持者であつた。

「大戰出征者同盟」Verbande ehenaliger Kriegsteilnehmer を母體として生れたこの運動は、ソ聯邦を向ふに廻して、立派な戰蹟をのこした。戰爭當時士官として第一線に立つた辯護士アルトール・シルク Artur Sirk 及びエストニア軍の編成者ラルカ Larka 將軍の二者の指導の下に、嚴重な桎梏を斷ち切つて、一大國民運動を展開したのである。全人口百十萬の中此の同盟に加盟した者は、解散當時總ゆる職業年齡層を通じ優に十萬を超えてゐたのである。

本同盟は政黨政治に對する果敢な鬪爭、マルキシズム及びユダヤ的精神の根絕、これに代るべき國民精神の昂揚を要求した。又國民經濟に對する要求としては、私有財產制と個人企業精神を維持して、尙公共利益の原則に依る國民經濟の變革を行ふにあつた。

又同盟はエストニア勞働者が無權力なプロレタリヤの位置より救はれ、完全な權利を有する一員として國民勞働戰線に組み入れられることを要求した。

大々的國內植民事業の實施、農業の振興、農產物販路保障制度、耕地世襲制度の樹立及び中小商工業の振興等が「愛國自由鬪爭同盟」の綱領であつた。

外交に關しては、エストニアに對して好意的態度を表明する各國との、友好關係を維持すべく努むべしとされてゐた。

一九三三年秋に「愛國自由鬪爭同盟」は憲法修正案を提出した。此の修正案に依り本同盟の二大要求即ち議會制度排擊、及びこれに代るべき非常な權限を有する大統領の任命なる、懸案が解決される譯であつた。

一九三三年十月の國民投票は、エストニア國民の生來の優柔不斷な氣質からは、考へられない程の熱心さを以て行はれたが、その結果自由鬪爭同盟が壓倒的多數を獲得して勝利を博した。引續き行はれた市町村會議員選擧でも、同盟は所々で驚くべき勝利を博する事が出來た。即ち首都レヴァルの市會に於いて多數の議席を得ると共に、他の都市町村に於いても等しく同盟は多數を占めたのであつた。

然るに政府は同盟の矢繼早の進出と、益々旺盛となつた活躍振に次第に不安を感じて來た。之を促進したものは、一九三四年三月五日から行はれた國民投票に、同盟が得た壓倒的成果であつた。此の國民記名投票は四月に行はるべき大統領選擧に立候補するためには、國民投票に於て最低一萬人の投票を集めねばならない關係から行はれたのである。現狀維持を標榜して立候補したペッツ Päts 及びライドネル Laidoner 將軍の兩候補に對する記名投票は遲々として增さないに反し、「愛國自由鬪爭同盟」の候補ラルカ將軍は、既に第一日目に首都レヴァル市だけで六三一五餘の投票を獲得し、ペッツは四六一票、ライドネルは八八九票、社會主義候補者には三一九票が投せられた。

三月十二日までにラルカの得た投票は五二四三六、ライドネルは一八二二〇、ペッツは八九六九、最後に社會主義者ライは二七八六票であつた。

一九三四年三月十四日、恰も國會議員並びに大統領選擧の準備酣はなる時、臨時閣議後拔打的に六ヶ月に亘る戒嚴令が施かれ、全エストニアを暗くした。一九三四年四月末に豫定された選擧は、同時に六ヶ月間延期された。全權を委ねられたライドネル將軍は就任直後「愛國自由鬪爭同盟」の解散を命じた。且先に行はれた市町村會議員選擧は無效と宣言され、同盟の十を算へる新聞は發禁となり、ラルカ將軍を除き指導的人物は悉く「武裝革命陰謀」の名により捕縛されてしまつた。同時に同盟が勢力を扶植してゐた軍部並びに官僚の淸掃令が發せられ、多くの地方で同盟運動に加擔した者、或ひはシンパ關係にあつた者等地方廳の殆んど全部の官吏が、捕縛され或は陶汰されるといふ狀態であつた。國民大衆が政府のこの措置に對してどんな反應を示したかは、三月十四日即ち「愛國自由鬪爭同盟」の全機關閉鎖の一日後に行はれた記名投票により明白である。レヴァル市に於ける同日の投票はラルカ五四六、ライドネル四九、ペッツ四七票であつた。

之の際注目すべき點は、此の新憲法の制定に決定的な役割を演じたものこそ、實に此の「愛國自由鬪爭同盟」の人々であつたと云ふ事である。即ち彼等は彼等の勢力の下に同年の一月新憲法を制定公布せしめ、而かも此の憲法に依つて、政敵に彼等自身を打倒する武器を與へる結果となつた事である。

一九三五年十二月八日、解散以來地下に潜り非合法的活動を續けてゐた同盟員は、全國總罷業を企てたがそれは失敗に終つた。此の時捕縛された「愛國自由鬪爭同盟」員の中には退役陸軍大將ラルカ其の他數人の高級士官があり、そして多數の武器が押收された。尙警察の手により新政黨要人の名簿が發見されたが、その筆頭に「愛國自由鬪爭同盟」運動の前指導者で、現在フィンランドに亡命してゐるアルトール・シルクの名があつた。その他發見された種々の改革案を記した文書に依ると、大統領、閣員、國防軍の最高統帥者その他高級警察官吏も、必要な場合には武力を以て捕縛し得るものとされてゐた。

「愛國自由鬪爭同盟」の機關新聞は週三回發行の「鬪爭」Voitlus であつた。

八、芬蘭

國家民族として覺醒すべしとする思想が北東歐羅巴に於いても、即ち芬蘭に於いても具體的表現を有するに至つた事實を立證するものは、一九三〇年國民主義ラッポー運動によつて行はれた首都ヘルシングフォルスへの示威行進である。ラッポー運動なる名稱はその發祥地たる北フインランドの一寒村ラプア Lapua（スエーデン讀みではラッポー）運動なる名に起源を有するものであるが、强力な國民主義的農民運動である。ヘルシングフォルスへの示威行進により、ラッポー運動の一黨は大統領とその政府とを辭職せしめ、新選擧を公示させる事に成功した。尚彼等は極めて保守的なラッポー村各教會に跳梁する共產主義者の挑戰的態度と、そのソヴィエト・フィンランドの爲に行ふ彼等一派の宣傳に業を煮やして居つたため、共產主義者の根絕を要求した。フィンランドでは共產黨は夙くから結黨を禁止されゐたが、それは唯形式的な禁止に過ぎず。共產主義者は表面合法的な名目を掲げて、依然潛行的運動を行つてゐたのである。全ブルジョア政黨に依り支援されてゐる政府は、ラッポー運動指導者の要求を容れ、一九三〇年七月共和國體保護に關する法律を發令した。之に基き共產主義は非合法と宣言された。

一九三一年の秋にラッポー主義者は、彼等の新黨書記長たる、前參謀長ヴァレニウス Wallenius の意見により新政綱を決定した。これは就中社會民主主義宣傳の彈壓と普通選擧權の縮少を要求するものである。一九三二年ラッポー主義者とマルキストの間に深刻な衝突が屢々發生し、メンツェーラ村 Mäntsälä では甚だ憂ふべき狀態を現出した。數千のラッポー主義者は此の村に集合し自ら戒嚴令を布き、大統領と政府に對して最後通牒の形式で次の要求數項を叩きつけた。

「社會民主黨並びに勞働組合の解散、現政府の辭職、國民主義內閣の組織、ラッポー運動の反對者たる指導的人物の即時免官」。

而して之の最後通牒は、若し此等諸要求が容認されない時はヘルシングフォルスに向ひ再度の進軍を行ひ、政權を奪取してラッポー政綱を實行するであらうといふ威嚇を以て結ばれてゐた。然し政府はラッポー代表者の要求を斷乎拒絕し、嘗つてラッポー運動に押されて共產主義宣傳彈壓の目的を以て發布された、彼の共和國體保護法に基いて非常時狀態を宣布した。之によつて全機關は解散を命ぜられ、運動は禁止された。尙指導者は全部投獄され、中央機關紙たる「アヤン・サーナ」Ajan Sana は發行を禁止された。

併しそれから數ケ月を經ない間に、ラッポー運動は部分的に指導方法を變へて再び開始され、從來指導者であつたヴィトリ・コソラ Vitotri Kosola は一九三二年秋釋放せらるゝや、再びその運動の指導者に推戴された。一九三三年の初、ラッポー運動は「愛國國民運動黨」Vaterländische Volksbewung と

一九三四年三月政府の命令に依り解散した「愛國自由鬪爭同盟」の首領アルトール・シルク、一九三五年十二月尙非合法團體として存續してゐた同盟は全國ストライキを企圖したが未然に彈壓された。

レヴァル市を自動車デモせる愛國自由鬪爭同盟員。

改稱し、單なる運動から一つの政黨への第一歩を印した。

「愛國國民運動黨」が農民を主體とするに反し、一九三二年十二月に創立された陸軍大尉カルスタ Kalsta を黨首とする「芬蘭國民黨」には都市勞働者が大多數を占めてゐる。

1. 愛國國民運動黨 Isänmaallinen Kansan Liike (IKL)

一九三三年の初、三年前有名なヘルシングフォルス進軍を企て、時の大統領と政府に對し辭職を强請し、新選擧の擧行を公布させたラッポー運動は、「愛國國民運動」と看板を變へて新たに組織された。その政綱は著しく擴大され、爲に現在でも要求される廣範圍の社會運動の目標を包含してゐる。

「愛國國民運動」の窮極の目的は、內政に於いては國民主義的なる、外交に於いては强力なる芬蘭を確立する事だとされてゐる。又自由の爲の戰ひによつて獲られたものを保護する爲、乃至は國土の自由と獨立とを擁護する爲の强力なる戰線の結成を要求してゐる。民族自決權に基き、芬蘭の各種族は一致團結して大芬蘭を形成すべきであり、鬪爭の目標を共產主義並びにこれと同樣「國家民族の思想を混迷に導き、宗敎的及び國民主義的精神を輕蔑する」所の、有害な國際社會主義に向けるべきものと主張する。

農業については合理的な改革と移民とにより組織的に振興される事を要求する。即ち、「土地を有せざる國民層は能ふ限り移民によつて土に結合せざるべからず」、と。

勞働者の地位は、社會の内に民族協同體を形成して行くと云ふ精神の下に保障さるべきであり、それは摩擦對立を惹起する階級鬪爭を素地としては不可であるとしてゐる。

芬蘭公民は共通の血液、運命及び文化の紐帶により、民族の一分子たる事を自覺してこそ、民族共同社會の一員たり得る。

ユダヤ人問題は、三百五十萬の人口の中千人足らずのユダヤ人を持つに過ぎない此の國では、殆んど問題とならない。ユダヤ人の定住は既に――フィンランド大侯國當時、ペーテルスブルグ政府から割當てられたものであつた。

愛國國民運動黨は合法的手段に依り政權を獲得せんとするものであり、議會に於てより大きな勢力を得るため、一九三三年七月に行はれた國民議員選擧には保守黨と聯合し、二百人の議席の中に十三名の議員を送つた。其の後に入黨した議員を加へると全部で三十二の代議士を有する。

愛國國民運動黨の機關紙として目されるものは、ヘルシングフォルスで發刊されてゐる日刊新聞「新芬蘭」Uusi Suomi 及び「時流」Ajan Suunta、ヘメーンリンナの「ヘメーン・サノマータ」Hämeen Sanomat 及ワーサの「ワーサ」Waasa 等の諸紙である。

黨の事務所はヘルシングフォルス市ミコンカツ街十五A番地にある。

2. 愛國國民運動黨政綱

愛國國民運動黨は一九三〇年の强大な國民運動と同一の理由から產れたもので、その內政に於ては國家主義的にして、對外的には强力な芬蘭の建設をその最終目標としてゐる。之の目的を實現する爲行はるべき國民運動の卑近な目標を擧げれば次の如くである。

一、自由の爲の戰ひの成果を確保し、且國土の自由とを獨立と擁護する爲强力な白人戰線を結成すること。

二、啻に共產主義のみならず、階級的憎惡を傳播し、愛國的思想を迷路に導き、宗教的、國民主義的精神を輕蔑する所の國家に對しては、共產主義と同樣有害なるを以つて、かゝる國際社會主義に對して不撓不屈の鬪爭を行ふこと。

三、國土、國軍、義勇軍の防衞力を支持發展せしむること。

四、勞働平和の確立、及び之が爲特に白人勞働者に勞働の自由と勞働の機會とを保護すること。

五、祖國の利益を危くし、社會を弱體化する黨派心の絕滅、政府權力の强化及び政府と國會の權能配分の改革。

六、現在の難局により窮境に陷りたる國民の生活條件の改善（特に農業者に就き）。

3. 芬蘭國民黨 Suomen Kansan Järjestö (SKJ)

一九三四年十二月陸軍大尉アルヴィ・カルスタ Arvi Kalsta は芬蘭革新運動に芬蘭國民黨を起した。

その政綱は大體に於いて獨逸ナチスからの藉りものであるが、十四項目より成り、その政綱中に自由主義、マルキシズムの打倒を宣言し、且政爭の具とせられる事や政黨政治より國土を解放する事を要求してゐる。全フィンランド人を結合し、大芬蘭國を建設することがその主要目的である。

公職に任命されるには今後は國民としての確たる人格、能力及び公民としての適性が決定に當り主要要素たるべきものとし、私有財産權は存續を認むるも、社會福祉を犧牲にし或は害を及ぼして一の權力要素に發展する事は許されぬと爲して左の如く說いて居る。

「國民經濟の任務は需要の充足であり、決して資本の最大利潤ではない。國民經濟を現行の利潤經濟の重壓より救ひ出し、再びその重壓を受くることなき樣種々の條件を制定せねばならぬ。之が爲には超國家的金融勢力よりの絕緣が要求されねばならぬ。何故ならば此の絕緣に依つてのみ、社會的國民經濟的生活の最高法則——即ち公共利益——が實現され、公民の勞働に關する思惑が防止され得るからである。」

國民經濟の基礎たる農業については合理的なる農地改革を行ひ、生活力ある新移住者を得る事に依り、公共利益の建前の下に計劃的に補助政策を實施すべきである。農耕地山林に於ける投機類似行爲は斷じて防遏せねばならぬ。

芬蘭國民黨と呼ばれてゐるカルスタを首班とするこの運動は、又國家主義的文化の建設を左の如く

（上） 一九三〇年七月六日ヘルシングフォルスに向ふ一萬二千名に及ぶラッポー團員の示威行進。
（中右）ラッポー團運動指導者、大地主コソラが黨員に演說してゐる處。
（下） 國會議事堂前大群衆。

愛國國民運動社のヘルシングフォルス中
央事務所、前身はラッポ運動。

フィンランド革新運動「芬蘭國民黨」の指導者カル
スタ大尉との同志。

要求する。

「芬蘭の國民を再び生活の大法の指導の下に復歸せしめるため、芬蘭國民黨は唯物主義、利己主義及び無關心主義を排擊する。道德的目標として國民精神の健全化を圖り、從つて敎會が國民の心に生命の深い意義に對する正しき理解を呼び起し、旺盛な國家主義的良心を與へる事を要求する。」

民族問題に關しては、カルスタ運動は次の如き態度を執つてゐる。即ち國民全體に共通の血液、運命及び文化の絆により、民族の一員に屬することを自覺せる者のみが、芬蘭公民の名に價するのである。從つてその行爲が他國の指圖により左右せられる如きものは、何人も芬蘭公民と稱するを許されない。

芬蘭國民黨の黨員數は約八千人である。目下の制服禁止令（芬蘭國民黨黨員は從來茶褐色のシャツを着用してゐた）や、新に制定せられた國會並びに政府に對する批判を禁ずる所謂治安維持法に依つて、カルスタ運動の宣傳戰線は著しく阻害されてゐるのである。

機關紙としては Hakaristi と稱する週刊誌があり、これは從來芬蘭よ目醒めよ Herää Suomi の名で刊行されてゐたが、六ケ月に亘る發行禁止により改名の止むなきに至つたものである。芬蘭國民中スウェーデン語を話す國民のために Hakkorset の名で隔週發行の特別號を出してゐる。黨事務所はヘルシングフォルスのエテレ・マカシィニカツ六番地にある。

4. 芬蘭國民黨の政綱

一、各人の義務はその權利よりも大である。即ち公共利益に絕對從屬し、公共利益の爲に使用されねばならぬからである。

二、芬蘭公民たり得るものは共通の血液、運命及び文化の絆によりその民族の一員たることを自覺したる者に限る。故に其の行爲に於いて外國の指圖に左右せらるるが如きものは何人と雖も芬蘭公民たるを許されない。

三、唯芬蘭公民のみが國政及び國法、市町村の行政並びに市町村法の決定に參與する權利を有する。黨派的な顧慮に非ずして、只能力、人格及び公民としての適性のみが、官吏等公職に任命せられる者の銓衡並びに公の事務の委任に當つて決定的要素たるべきである。我が國土は斷じて政黨及びその支配下より解放されねばならぬ。

四、全芬蘭公民に生計の資を獲得する機會を與へるよう充分に考慮し、更に健全なる發展の法則に基き、其の機會の發展策に關し考慮を廻らす事は國家の絕對義務である。失業及びこれに依つて惹起される苦難は、一般公共の福祉の爲廣範圍に亘る諸前提が確立された國に於いて、決して發生すべきものではない。

五、市民たるものは、彼の能力に應じ公共の福祉に奉仕する目的を以て、精神的或は肉體的勞働に從事する義務を有する。

六、私有財産制は依然合法と認むるも、公共の利益を犠牲とし或はそれを阻害して一權力要素と化する事は許されない。

七、公共の福利を目ざすその目的を實現するため、黨はその前提として一つの世界觀を創建する。その合言葉は國家的、社會的生活を通じて「全體の利益は各個人の利益に優先する」といふにある。

八、國民經濟の任務は需要の充足であり、決して資本の最大利潤ではない。利潤經濟の重壓より解放されねばならぬ。我國經濟に取つては種々なる前提條件が作られる必要がある。此の目的の爲には先づ超國家的金融勢力との絶縁が確保されなくてはならぬ。何故ならば、かくして始めて社會的經濟、國家的生活の最高法則——即ち公共の福祉——が實現され、市民の勞働に關する思惑は防遏されるからである。

九、貨幣管理も同じく國民協同體に奉仕する樣强制する必要がある。

一〇、國民經濟の基礎部門たる農業は、先づ合理的なる耕地改良を行ひ、其處に生活力ある新移住者を定住せしめ、且農耕地及び山林に關する投機を防止する事に依り、公共の福祉のため計劃的に補助政策を實施すべし。

一一、國家思想といふ理念は、國民精神に宿る根本とされねばならぬ。

（イ）我國の文化は國民主義的基礎の上に樹立さるべきである。

（ロ）學校は實生活の準備教育所たるべきである。

（ハ）新聞は飽く迄眞理に從ひ、敵の不法なる攻擊や彈劾を防遏するようにされねばならぬ。

一二、芬蘭公民たるものは、國家の存立は一に國民全體の防禦意思と、防禦能力の如何に懸かるものなる事に思を致さねばならぬ。

一三、未來は過去と現在を土臺にして打ち樹てられるものである。之の理由よりして、兒童及び青少年の精神的、肉體的教育に心を致すべきである。母性も亦、義務を果し全體の爲に力を盡した老人と同じく保護されねばならぬ。

一四、我が國民を生命の大法の指導の下に復歸せしむる爲、我黨は唯物主義、利己主義及び無關心主義を排擊する。道德的目標として、我黨は國民精神の健全化を企圖する。從つて教會が國民を生命の深い意義に對する正しき理解に目覺めさせ、旺んな國家主義的良心を涵養すべき事を要求するものである。

フインランド革新運動「芬蘭國民黨」の指導者。陸軍大尉アルヴイ・カルスタ

ヘルシングフォルスのカルスタ運動の示威演說。演壇に立てるはカルスタ大尉。

九、佛蘭西

佛國大革命の日より流血の興奮の中に産れ出た三つの言葉「自由、平等、博愛」を、自由の最高の表現と看做してゐるデモクラシイの國フランスにも、國民社會主義やファシズムと類似した思想を抱いて居る數多の組織團體がある。彼等は眞向から議會主義に反對し、或は少くとも今日の墮落變形せる議會主義に反對し、權威ある國家的統制を要求して、ボルシェヴイズム及びマルキシズムと鬪爭しつゝあるのである。

佛國民の革新を旗幟にして現はれた最初の運動は、アクション・フランセーズ（佛蘭行動黨）で、これは一八九八年フランス思想界の卓越した人士の手により產れ出たものである。一九二四年にはジュネス・パトリオート（青年愛國黨）の名の下に一つの團體が誕生した。ファシスト思想に酷似せる政綱のため此の黨には多數の大衆が參加し、間もなく指導的國民革新運動の一つになつた。三年後「クロア・ド・フー（火の十字黨）」なる團體が大戰出征軍人の純然たる軍人團體として創立され、數年ならずして微々たる小數團體から政界の一大勢力にまで發展した。今日では七十萬を超える國民が、此のフランス最强のファシスト黨に屬してゐる。彼等は命令權の掌握、國會の無益な論爭の廢棄、大銀行の統制、社會秩序の回復、階級の融和を要求する。

アドルフ・ヒットラーの獨逸に於ける政權掌握は、佛國にも影響を及ぼさずにはゐなかつた。アンリー・コストン Hery Coston を黨首とするパルテイ・ソシァリスト・ナショナル・ド・フランス（佛國國民社會主義黨）、有名な新聞發行者であり香水製造家たるコテイ Coty のソリダリテ・フランセ（佛國協同黨）、マルセル・ブカール Marcel Bucard を黨首とする純然たるファシスト運動たるル・フランシスム（佛蘭西國粹黨）、一九三四年ストラスブルクで技師ルション Luchont により設立せられたパルテイ・ナショナル・ソシァリスト・フランセ（佛國社會主義國民黨）等が相次いで出現した。

國家社會主義或はファシズム主義類似の發展の素地は、かくてフランスに於いても準備されつゝある譯であるが、之等割據對立せる種々の革新運動を統合し、或は征服する道を示すべき指導者が未だ缺けてゐるのである。

1. 佛國行動黨 Action Française（A F.）

「佛國行動黨」はフランス革新團體中最も古い歴史を持つ。その黨はシャルル・モオラス Charles Maurras を中心としてリベラリズムやデモクラシーに辛辣な批判を浴せ掛けてゐた小數のインテリの團體を母體として、一八九八年呱々の聲を擧げたのであつた。佛國國民社會主義の陣營が持つ優れた思想界の代表的人物の他に、此の黨には幾多の有名なジャーナリストや著述家、即ちレオン・ドーデー Léon Daudet、モーリス・ピジュウ Maurice Pujo、ジャック・バンヴィル Jacques Fainville 等が加盟してゐ

佛國行動黨黨首、海軍中將シュヴエレル。

佛國行動黨副黨首、著述家レオン・ドーデー。

「アクション・フランセーズ」の創立者にして又主筆たる、シヤルル・モオラス。「アクション・フランセーズ」は黨の機關紙として發行部數數十萬を超えてゐる。一九二六年カトリック教會に依り禁書目錄中に入れられた。

ピエール・テツタンジェー代議士。一九二四年共產主義及び議會主議反對運動によつて創られたファショ的政黨青年愛國黨の黨首。

海軍大佐ロック。「火の十字」運動の指導者、此の運動に參加するものは今日七十萬以上に上つてゐる。

ジャン・ルノー。ファシヨ的「佛國協同黨」の指導者にてコテイの後繼者。

マルセル・ブカルド。ファシヨ運動「佛國國粹黨」の創立者にして又指導者たり。

グスターフ・ヘルヴェ教授。「國民社會主義國民軍」の創立者にして指導者。

る。丁度十九世紀から二十世紀に移る頃、知識階級はフランスの王政復古を絶對必要なりと叫んだ。その理由は「廣汎なる檢討の結果、フランスの再興は君主國の再建によつて始めて可能な事を知つた」からである。此の目的遂行の爲にする凡ゆる手段を「佛國行動黨」は是認する。黨首としては今日ベルギーで亡命生活を送りつゝあるブルボン家の王位繼承者ドギーズ公 Duc de Guise を推し、彼こそ王座に上りジャン三世と名乘るべき人物としてゐる。

「佛國行動黨」の指導者は海軍中將、レヂョン・ド・ヌールの佩用者シュヴェラー Schwerer が掌握してゐる。副指導者は有名な文豪レオン・ドーデーである。

「佛國行動黨」は他のファッショ諸黨とデモクラシーに對する共同鬪爭により、甚だ緊密に結ばれてゐるが、主要目的をブルボン王朝の復辟に置いてゐること、又ビスマルクによつて統一された獨逸國に對し狂信的敵對感情を有することの二點により、此の黨は寧ろ反動團體であるかの如き印象をあたへる。

民族問題に就いては嚴重な反ユダヤ主義の態度を執つてゐる。「ゲルマン的新敎の對蹠的存在としてのカトリック的ラテン民族主義」の代表者としてカトリック的態度を强調してゐるにも拘らず、數年來ヴァチカンの敎皇とヴァチカン宮殿から破門の宣告を受けた「佛國行動黨」との間には烈しい鬪爭が繰り返されてゐる。「佛國行動黨」に歸依した勤王主義者が破門を受けた原因は、彼等の理論的指導者たるシャルル・モオラスの筆に成る文學的に極めて高く評價されてゐる諸種の論文が、所謂「審美學的にローマ、ギリシャの古代の基礎の上に打ち樹てられた異敎徒的諸理念の表明」であると云ふ事によつて説明されるが、主要原因はヴァチカンの現存權力に對する機會主義的迎合と、「佛國行動黨」の國教的傾向の中にあると見るべきであらう。戰爭で重傷を負つた有名な彫刻家マキシム・シアル・デル・サルトMaxime Réal del Sarte の指導下に立つ「國王親衛隊國民聯盟」Fédération Nationale des Camelots du Roi は此の運動の前衛である。黨員は軍事的觀點より組織され、彼等に下された命令の執行の爲には、何時如何なる場合も身を挺する覺悟をして居り。その活動は規律ある訓練の下に行はれる。

此の「國王親衛隊」の他に、一九一〇年に設立された委員會「佛國行動黨委員會」Kommisar d' Action Française があり、これは謂はば挺身隊と云ふものである。此の挺身隊員の選拔條件は極めて嚴格であつて、即ち左の如き條件を要する。

1 佛國民である事

2 最低十八歳にして身體强健なるもの

3 定收入を有するもの

4 挺身隊に於て六ケ月の見習期間を終了したるもの

「佛國行動黨」へ入黨する者は次の誓約を行はねばならない。

「身も心も理性も意志も佛國民として愛國者の全義務を果さん。余はあらめる共和國的政權を打倒すべき義務を有す。共和政體は外國人に依る支配に他ならず。共和國的精神は國家防衛力を破壞し、傳統的カトリック敎を敵視する宗敎的勢力を扶殖するものなり、吾人はフランスにフランス的政體を與へざるべからず。吾人の唯一の希望はド・ギーズ公を推戴する君主國の實現なり。彼こそ千年の長きに亘りフランスを統治し給へる四十の王の後繼者たり。君主國のみ國民一般の福祉を考慮し、秩序を維持することを得。」

「佛國行動黨」は佛國の全都市、全植民地に亘りその支部を有してゐる。支部はすべて自治的であり、夫々支部長を頂き、獨立した事務所を持つてはゐるが、巴里の佛國行動黨本部とは相互に連絡を保つてゐる。

「佛國行動黨」の黨員數は嚴秘に附されてゐるが、約七萬と推定される。又此の運動は活潑であり、資金も豊富で派手な宣傳が出來る關係から、實際以上に强力な存在に見える事は事實である。パリーには約八千の團員がゐるが、その內八百乃至七百人は國王親衛隊に屬する。その外に約四百人の學生黨員がゐるが、彼等も全部國王親衛隊國民聯盟に屬する。

佛國行動黨員の徽章はブルボン王朝の百合花模樣、即ちフランス國王の紋章である。青白赤三色を國家的色彩として承認する。この點一八七一年王位繼承を要求した際彼の祖先の白色の旗を主張した爲、即位の機會を失つてしまつたド・シャムボル子爵 Comte de Chambord の態度とは異る。親衛隊は一般の佛國行動黨徽章の他に、二本の紋章化した百合の間に劍一本を配しその劍先に五箇のぎざぎざを附けた王冠を章としてゐる。

「佛國行動黨」は特にジャンヌ・ダルクを崇拜する。

機關紙は同名の新聞「ラアクション・フランセーズ」L' Action Française であり、此の新聞の論調はその尖銳さを以て他の新聞を凌駕してゐる。

「佛國行動黨」の中央事務所はパリ市デュ・ボカドール街 Rue du Boccador, Paris にある。

2. 青年愛國黨 Jeunesses Patriotes (JP.)

「青年愛國黨」の創立は一九二四年の昔に遡る。當時フランス國民は大多數ファシズムを拒否し、のみならず憎惡さへしてゐたから、右翼が政權を掌握するに至つた、一九二四年五月の國會議員選擧の結果には甚だしく不安を感じた。ジャン・ジョレス Jean Jaurès の遺骸がパンテオンに葬られた日は、共產主義者の鬪爭力を計量する機會を一般に與へたものであつた。翌朝此の劇的光景に興奮した青年の一群が、若い精力的パリー市選出の議員ピエール・テッタンジェー Pierre Taitinger の許に馳せ集つた。彼等は大戰前詩人にして反獨政治家たるポール・デルレード Paul Déroulède の創立した「愛國者聯盟」に屬する人々で、此の聯盟の青年層をテッタンジェーが指導してゐたのであつた。活潑な活動を

パリーの中央街モンテニュー街とボカドール街との交叉點にある「佛國行動黨」事務所。

ブルボン王家の百合紋章、現在「佛國行動黨」の徽章

巴里市中をデモ行進する「青年愛國黨員」。左は「青年愛國黨」の徽章、劍と翼を抱き合はせたもの。

見せ、且政界に益々强固な地盤を占めつゝあつた共產黨に對し、組織ある反對勢力を以て押へんとする目的を以て、テッタンジェーは愛國者聯盟の首領フォン・カステルノー將軍 Von Castelnan と提携し、此の聯盟の青年層を一つの獨立した組織に結成した。

ピェール・テッタンジェー自身が新黨「青年愛國黨」の指導者となり、その宣傳は忽ち全國に擴がつた。そのスローガンは「國家利害は私的利益及び政黨、政派の如き無價値なる問題よりも重大なり」と云ふにあり、之のスローガンは新黨に多くの黨員を獲得させた。

「愛國青年黨」は議會制度に反對し、團體精神に基く基本原理に依り、新國家を樹立せんことを要求する。行政權の權威を强化し、從來の全能的國會を廢して、立法と監視の二つに機能を限定せる他の制度を以て之に代へんとする。

又行政及稅制の徹底的改革と眞の宗敎的自由の再建を要求する。

官金掠奪者を嚴罰に處する事に依り、國民から失はれた信賴を再び昔日に復すべしと云ひ、又「舊時代の貪婪な資本主義により膏血を搾られた勤勞大衆」を保護する事がわれ〳〵の任務である。勞働者の當然の權利は、資本の利益の保護と調和せねばならぬと主張する。最後に青年愛國黨は「祖國の國威を維持し、一九一八年の勝利の成果を防護し、且佛國の安寧とその領土の安全とを危ふくする恐れあるものは斷乎として悉く排擊する。全フランス人よ吾黨に來り投ぜよ」と叱呼してゐる。

「青年愛國黨」の政權獲得の可能性については、彼等の黨首が次の如き注目に價する所見を述べてゐる。即ち、『政權の掌握には三つの方法がある。即ち次期の選擧に際し第一黨となる事、或は騷擾を起す事、換言すればムッソリーニ式に「バリー進軍」を起す事。但しこれには軍隊と警察の助力が必要である。第三の方法は「愛國青年黨」の活動と國內政局の推移に依り、政權の舵が自然的に舊時代に屬し硬化した人々の手から離れ去る事であらう。此の場合その舵は攝理に適つた極めて强力な手によつて操られ、國家と云ふ船は急速に從來とは異なるよりよい航路を進み行くであらう。何はさておき大切なのは吾國の雰圍氣を改め我國を肅淸する爭だ、……その時我々は旣に國家といふ船と共に正して旅路に就いて居るだらう。』

獨逸に對する「愛國青年黨」の態度に就いては、クレマンソーが八十六歲にして此の黨に加盟したと云ふ事實を擧げれば充分であらう。現在有名な黨員としては老元帥リョーテイ Lyautey 並びに政治家タラヂュ Tardieu 及びマラン Marin がある。

「愛國青年黨」の機構は全國を二十一の部分に分ち、その一つ一つの部分は各五十人を一隊とする所謂突擊隊員から成立してゐる。「愛國青年黨」の黨員數は約八萬五千人に及び、バリーだけでも約七千人居る。男子黨員は特別組織中に組み入れられ、即ち「動員部」Groupes mobiles と「愛國青年黨大學部」Phalanges Universitaires des Jeunesses Patriotes とである。後者は彼等の對外機關紙の主筆ロジェー・

ド・ゼーヴル Roger de Saivre に指導され、専ら學生のみを含む。パリーにはその他いつでも突撃の用意をしてゐる鬪爭隊があり、隊員は約二千人、突擊隊 Troupe de choc と稱してゐる。「愛國青年黨」の制服は長い青色のトレンチコートで、バスク帽を制帽として居る。

「愛國青年黨」の女子黨員は特別の部をなし、有名なパリーの婦人辯護士モロー Moreau 女史に指揮されてゐる。

獨逸のナチスを模倣して大工場に獨特の執行細胞、所謂「職場グループ」を組織し、彼等の特に尖銳に現はれてゐる社會的目標の爲、此等「職場グループ」は注目すべき成果を遂げてゐる。共產主義に對する反對態度を「愛國青年黨」は屢々尊い血の犧牲を拂つて示した。一九二五年四月二十三日、選擧運動の際彼等は銃火の洗禮を受けた。之の時には陰險な共產主義者の襲擊の犧牲となつた四人の死者と、五十人以上の負傷者がその鬪爭場に橫たはつた。一九三四年パリーの二月の騷動には、「愛國青年黨」は死者二名と負傷者三百名を出さねばならなかつた。

一九三四年五月七日「愛國青年黨」と「佛國協同黨」兩黨員一萬餘名が出席して、パリーに於て大總會が行はれ、席上兩黨の間に各自黨の完全なる自主性の下に共同戰線を張る盟約が成立を見、その名を「國民戰線」と稱する事になつた。此の運動の目的は、益々勢力を伸ばしつゝあるマルキシズム戰線に、團結せる國民的鬪爭力を以て對抗せんとするにあり、他の革新的諸黨の參加を歡迎してゐる。

「愛國青年黨」の鬪爭機關紙は「ル・ナショナール」Le National である。黨中央事務所はパリー市アヴェニュゥ・ド・ロペラ Avenue de l' Opéra にある。

3. 「火の十字」黨 Croix de Feu

フランスに於ける現在最も重要なファショ政黨は疑もなく「火の十字」黨である。一九二七年に、從軍中特に頭角を拔きんでた人達の單なる戰友の集りとして生れ出たものであるが、間もなく單なる軍人團體の性質を脫し、數年の間に國民的大衆運動にまで發展した。此の團體は一九三四年の騷動に特別な役割を演じ、之が登場を契機として、此の運動は佛國民全體に甚しい反響を卷き起すに至つた。殊に指導者陸軍大佐ロック Rocque が、此の時まで彼の指導する運動を政治問題より隔絕して居た關係からである。

陸軍大佐ロックは大戰には步兵として參戰し、後植民地駐在武官となり、休戰後にはフォッシュ將軍の幕僚であつたが、彼の名が一般に知られたのは、一九三二年「火の十字」黨が彼の指揮の下に、パリーのトロカデロで國際的平和デモを蹴散らして以來のことである。

議會制度反對、職能代表制採用を要求する他の革新運動とは反對に、ロックは國家制度の重要基礎を動搖せしめる事は不可なりとし、彼の目的とする所は專ら舊時代の人々に代へるに、彼の絕對に信賴する新人を以てせんとするにある。一九三四年末刊行された彼の著書「公共奉仕」Service public の中で、ロック大佐は同黨の政治的、經濟的及び社會的改革目標を明記してゐる。彼はこれは唯好事家を滿足させ、知りたがつてうづうづしてゐる人達を落ち著かせるため擧示するにすぎぬと斷つて、唯々數言で極めて簡明に彼の運動の根本意圖を記してゐる。即ち「吾々の說く所は只責任を重んじろと云ふ丈けだ。吾々は政黨その他の團體と結託してゐなかつたから、又各政黨の崩壞を見詰める吾々は、全然政黨的影響を受けてゐないから、國民は吾々から眞理と忠言と救濟とを期待してゐるのだ。吾々は此の祖國の待望を裏切つてはならない。余のたゞ一つの名譽慾は何等の個人的底意をも抱く事なく、愛國者の任務と社會的要求ならば、如何なる困難も回避せず勇敢に挺身して奉仕したいと云ふ事だけである。」

註 「公共奉仕」の獨逸譯は一九三五年ワルター・グルーベルの紹介づきで「文化と科學社」より出版された。

書中特に詳說されてゐる社會問題に就いては次の言葉がその傾向を示してゐる。「種々の企業は、社會的精神と云ふものが指導者の大多數に缺けてゐるのにも拘らず、社會的精神に滿ち溢れてゐるといふことを宣傳するのに汲々たる狀態である。『公正なる利潤』に關する酌慮を、不法にも使用人に對する搾取的な雇主の責任よりも、重視する樣な時代は過ぎ去つたのである。勞働は人を基調として組織されねばならぬ。そして相當な報酬を支拂はれねばならぬ。だから職業の性質、習慣及び勞働の規則性に考慮が拂はるゝ如き、一般的指標が樹立される事が緊急の必要である。企業の物質的可能性の如きは最早かうした問題の決定的要素であつてはならない。」

「火の十字」黨の政權掌握後先づ解決さるべき課題に就いて、その指導者は次の如く述べてゐる「若し現在のような考へを持つ吾々が實權を握つたなら、吾々の眞先にやるべき仕事は、大なる國家經綸の各部門の尖端には、私生活に於いても公的生活に於いても後指を差されるやうな事のない、又國民的信仰に生き何等の束縛をも受けない淸廉な人々を任ずる事だ。彼等は彼等のその權限を打碎いてその代りに新國家を持つて來ると云ふ樣な方法に依らず、大きな行政組織體を道德的に、且つ人的に淸掃して行く事に依り秩序をもたらすであらう。彼等は苟くも公共に對する奉仕と名のつく事に於いては、議會的夾雜物を嚴禁するであらう。かうした準備工作終了後、平衡と規律の再建の後、彼等は次の段階に達する自由な活躍の分野を持つであらう。即ち今日ではなほ豫定する事は不可能な或る時期に至つて、はじめて不屈の決斷力を以て考へ拔いた解決策が、合法的形式に於いて實現されるであらう。一體憲法の構成の中へどんな事を採用しなくてはならぬだらうか、又はいかなる措置が現行法の增加或はその修正によつて充分に法律化され得るであらうかは、目的が確立され、仕事がしつかり把握されるなら、その時々の狀態と必要に應じて善處するのが最も良策であらう。方向は既に確定してゐる佛蘭西が、その國運を託してゐる人々は、いかなるものに依つても各自の道を見失ふ事はないであらう。」即ち佛蘭「火の十字」黨運動の持つ重大性は、その數字的大きさだけでは不充分にしか表はされない。即ち佛蘭

パリ無名戰士の墓にデモ行進する「火の十字」黨員。
後ろに見えるのは凱旋門。

「火の十字」黨のデモ行進。旗を捧げて無名戰士の墓に到る。

一九三五年七月十四日、國祭日を期して行はれたデモ行進の先頭に立つ「火の十字」黨首ド・ラ・ロック大佐。

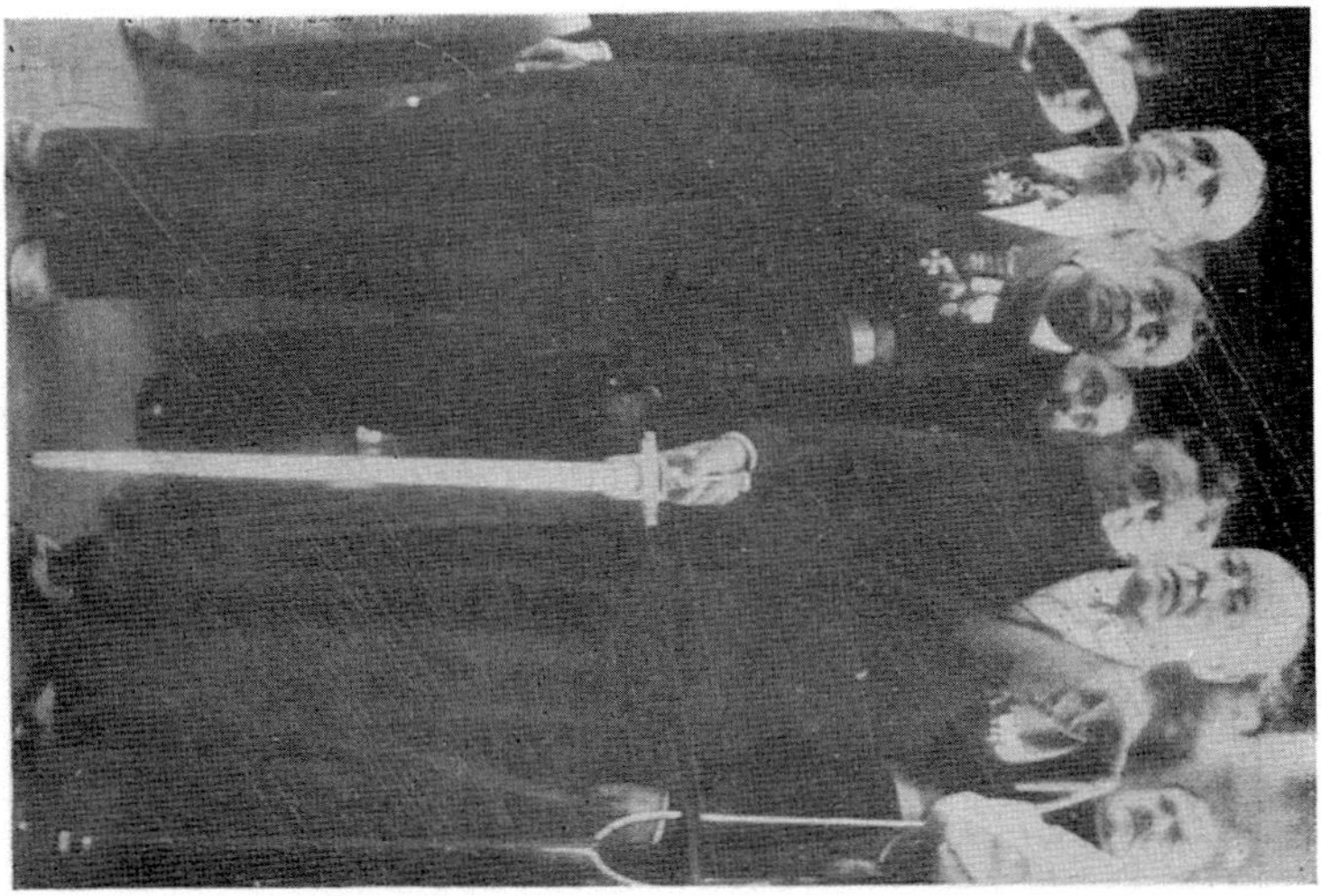

一九三五年七月十四日無名戰士墓前のド・ラ・ロック大佐。

西の到る處の都市、植民地に此の團體は程度の差こそあれ等しく强力な支部を持つてゐるのである。黨員總數は一九三四年二月六日現在では三萬人内外であつたが、一九三五年十一月當初には七十萬を超過した。

機構的に見れば「火の十字」黨運動は四つの部分に分れてゐる。即ち黨基幹部たる「火の十字」黨、古參兵在鄉軍人部、國民義勇隊及び國民集合部である。

基本黨たる「火の十字」黨への入黨資格者は、戰線勤務の證明を提供し得る且敵砲火の中で得られた十字勳章を所有せる佛國人に限る。

黨第二部たる「古參兵在鄉軍人部」Briscards は同じく戰線參加者に限るが、しかし拔群の功績あるを要しない。

「國民義勇隊」Volontaires Nationaux には戰線參加者の息子が編入され、ロック大佐は最近に入黨許可を與へたのである。數の上ではこれが最も强力で約二十二萬人を數へてゐる。

その他の黨員（婦人子供）は國民集合部 Regroupement National に入れられてゐる。

「火の十字」黨を鼓舞する精神に就いてロック大佐は次の樣に誌してゐる。

「著名な人々も小數の人々を命令下に持つ事を名譽と感じてゐる。將軍、大藝術家、碩學、名譽ある勳章を有する高位の人々が、從軍章や十字勳章を有つてゐる勞働者や俸給生活者に服從するのである。

上流階級出身の青年が、彼等の指導者として職工や農夫を戴くのである。」

「火の十字」黨には制服着用の部隊はない。印として只ボタンの孔に徽章を差し、左腕に三色の腕りボンをつけてゐるに過ぎない。

此の黨の機關紙は週刊「炬火」Le Flambeau である。

中央事務所はパリーのブレテイル街 Avenue de Breteuil にある。

4. 佛國國民社會主義黨 Parti Socialiste National de France. (PSNF.)

「佛國國民社會主義黨」は一九三三年の中頃著述家アンリー・コストン Henry Coston の創立した、佛國勞農戰線から産れたものである。

反ユダヤ、反フリーメーソンの內容を盛つた、多數の著述により名聲を擧げたアンリー・コストンは反ユダヤ運動團體を創立して、ドレフユス事件の頃、エドワール・ドルュモン Edouard Drumont に依つて始められた事業を、繼續しようとする彼の宿志を達成せんとしたのである。此の目的の爲に彼はドルュモンが當時創立し、後廢刊となつた新聞「自由の言葉」La Libre Parole を再刊した。

一九三四年七月、コストンは黨指導者の地位から引退し、ピエル・クレメンチ Pierre Clémenti が後繼者となつたが、彼は黨名を「佛國國民共產黨」Parti Français National-Communiste と變更した。然し數ケ月後クレメンチも退き、黨の指導は九人の黨員より成る指導委員の手に移つた。その書記長としてモリス・クリスチャン・ドュベルナール Maurice-Christian Dubernard が首席に就く事となつて、再度名稱は「佛國國民社會主義黨」と改められた。

その二十條より成る綱領中に、黨は教會政治、規律及び献身の概念の上に組み立てられた統一國家の再建を目指すと記されてゐる。又彼等は佛蘭西の血統、文化及び言語を有する各民族が佛國と一致團結すべき事を要求してゐる。

人種問題に關する立場は次の通りである。「我々は佛蘭西人の血液を有する者のみを佛蘭西人と見る。二代前から他人種と混血して居らない者は佛蘭西人の血統と認める。此の場合その出產地の何處たるを問はない。」と。佛蘭西公民でないものは他國よりの外來者と看做され、從つて特別なる法律の支配下に屬すべきもの且つ彼等は公職に就くを得ず、又佛語に依つて發行される新聞紙に協力者として參加するを許されない。

歡迎されない非佛國公民特にユダヤ人は、即刻退去しその財產は國民の利益の爲差押へるべしと主張する。

經濟問題に關しては、大資本家的企業の國營化と私有財產權の制度を要求する。商業、工業及び農業は民需と輸出見込とによつて新たに調整すべきものとし、更にサンディカリズム的、集團的社會主義の原則に基づく新經濟秩序の建設を主張する。

又道徳と佛蘭西國民の禮儀の感情とに反しない限り、宗教の自由を保障すべしとなす。之に關聯して、黨は國家と教會の關係を調整すべきローマ教皇廳との協約の締結を必要なりとする。

最後にフリーメーソン及び之に類する秘密結社の禁止を要求する。

外交政策に關しては「佛國國民社會主義黨」は、ポーランド及び小協商國との結合關係の維持を要求し、又ドイツに關しては「吾々は吾々の軍隊によつて保障されてゐる國土の安全を條件として、佛獨融和關係を望む。」と述べてゐる。

此の黨は政界に於ける勢力は今の所まだ零である。黨員數は二千人を算へるであらう。制服は茶褐色のシャツとバスコ帽である。黨員相互の敬禮は右腕を擧げて行ひ、鐵床と二本麥穗を結合した双刄の古代佛國の武器斧を黨の徽章としてゐる。

黨機關紙は月刊「新世紀」Le Siécle Nouveau である。

本部はパリー市一區プティ・シャンプ街二十七番地 Paris 1., 27, Rue des Petits-Champs にある。

5. 佛國國民社會主義黨綱領

一、吾人は教會政治、規律、犧牲的勇氣及び公共の福利に對する從屬の概念の上に打ち立てられた統一國家を創造せんとする。

二、吾人は佛蘭西の種族に屬し文化と言語とを同じくするあらゆる人々が、佛蘭西と結合する事を要求する。
三、吾人は佛蘭西人の血統の者のみ佛國人と認める。而して佛蘭西人血統とは二代前より他種族の血を混えない祖先を有する人を指し、此の場合出生地の如何を問はない。
四、吾人は佛國人たる第一の義務は、國民全般の生命に積極的關心を有するに在り。此の義務を果す者のみ佛國公民と認める。
五、吾人は佛國公民にあらざるものを外來者と看做し、特別なる法律を適用すべき事を要求する。彼等は公職に就くを得ず、又佛語新聞に協力者となる事を許されない。
六、吾人は各人の活動が國家の利益に背馳せざる事を要求する。寧ろその活動は國民共同社會の列伍の中にあつて全體の利益となる様行はるべきものである。
七、吾人はすべて好ましからぬ非公民、就中猶太人が即刻追放され、その財産は國家國民の利益の爲沒收さるべき事を要求する。政治的理由に依り外國に歸化してゐる佛國人の財産も同様沒收すべし。
八、吾人は「デクレ・クレミユー」Décret Crémieux の廢棄と、一九〇〇年後の歸化の修正とを要求する。
九、肉體的或は精神的勞働による生産價値のみが補償せらるべき事を主張し、そして資本主義的利潤及び資本に依つて得られるあらゆる利益の抑壓を要求する。
一〇、吾人は大資本主義企業の國有化と私有財産權の制限を要求する。

一一、吾人は佛國の全勞働者に勞働を配分する事を欲求する。

一二、吾人は法律により商業、工業及び農業を民需及び輸出見込に基き調査すべき事を要求する。佛國の生産物、特に農産物を輸入外國品に對して保護すべし。

一三、吾人は大規模の勞働計畫に依り、佛國サンディカリズム及び集團的社會主義の原則並びに、生産者の協力に基づく新經濟秩序の出現に努力すべし。

一四、吾人は宗教が國民の福祉と道德的感情とに對立しない限り、信敎の完全な自由を欲する。吾人は敎會と國家との關係を調整すべき敎皇廳對國家の協約の締結を要求する。

一五、吾人は敎育を統一し國家の指導下に置く事を要求する。

吾人は能力ある佛國人は、勞働者と雖もより高き地位に上り得る如き、高級の敎育を受けしむる事を要求する。

從つて學校はその最下級より祖國及び國民の概念と此等に對する義務を生徒の腦裏に植え付ける事を要する。貧窮なる生徒殊に有能の生徒は、その社會的階級並に兩親の職業を顧慮する處なく、國家の費用を以て敎育すべきである。キリスト敎學校に對しても宗敎的色彩なき學校と等しく國庫より補助を與ふべし。

一六、國家は婦人を保護し、未成年者の勞働を禁じ、スポーツ敎育を一般に普及し、之により國民一

國民社會主義黨のポスター。文字は「祖國の爲に死すべきか？」「然り、いつ如何なる時と雖も」。「無國家ユダヤ人の爲に自己を犠牲にするか？」「否、斷じて」。その他ユダヤ人銀行、國際武器商人及び收賄常習議員に對する意見が記されてゐる。

佛國協同黨の市中デモ行進。

一九三四年二月の騒擾の時、出した佛國協同黨員犠牲者六人の遺骸を墓地へ運ぶ所。

般體位の向上を圖るべし。

一七、吾人は故意の政治的虚言と、この新聞への影響を阻止する目的を以て、法律を制定する事を要求する。公共の福祉に反する新聞紙及び劇、催物等は禁止すべし。

一八、フリーメーソン並に秘密結社の禁令を發し、違反せるものは嚴重處罰すべし。

一九、吾人は佛國の名譽と威信を保つ條件の下に平和愛好の意志を有する事を明言する。

吾人は現下の狀況に於いて、ポーランド並びに小協商國との同盟關係の維持を要求し、且つ國土の安全と軍隊の維持を條件として、佛國相互諒解政策を最も熱心に支持するものである。

二〇、吾人は本政綱を、國民社會主義的革命と吾黨の獨裁とに依り、斷行せんとする吾々の意志を益々强化する。

6. 佛國協同黨 Solidarité Française (S.F.)

本黨は一九三三年五月、今は故人となつた新聞發行者（「フィガロ」紙及び「人民の友」紙）であり、香料工場主であるフランソア・コティ François Coty に依つて創立されたものである。現在の黨首は退職植民地武官ヂャン・ルノー Jean Renaud である。

黨の指導精神は革新的國家的である。此の黨こそはマルキスト統一戰線とフリーメーソンに對して、一日も攻撃の手を弛めない鮮明な敵手であり、即刻適用の出來る政治的社會的綱領を熱心に主張してゐる。その中心點は自然的道程を以て、國家改革に導くと稱せられる職能代表制 Integrale Korporativismus である。國民經濟はその參與者の手に戻されなければならね。更に國民主義經濟は、政治的代表議會とは全然獨立した利益代表議會を持たねばならぬ。又國民主義經濟は自治的であると同時に公權に隷屬する事が必要である。失業と搾取をのみ結果する現今の經濟的中央集權制を、廢棄すべき天理に即した經濟的分權制が要求される。

黨は現今見るが如き議會制の廢止を目的として産れたのであつて、强大な權能を與へられた大統領と、百五十人の顧問官及び三百人の代議士とを有する、强力な恒久的政府を樹立せんことを企圖するものである。

外交に就いては、伊太利獨逸兩國との緊密な協調を要求する。

或る新聞記者が、佛蘭西の一切の政治團體が、解散を命ぜられる樣な事があるかどうかと尋ねた處、ルノー Renaud はそんな問題はどうでもよい事だと答へた。そんな場合には「佛國協同黨」は他の形式の下に再生して來るであらうし、而も黨はかゝる挑戰的行動に對して溫和しく、當らず觸らずに濟ますと云ふ樣な態度は執らないであらう。又此の見地から黨の諸計畫は、極めて綿密に研究し盡されて居るのであつて、些少の機會たりとも逸する事はないであらうと。尚亦次の如くに言つて居る。「吾々は街頭に出でそして叱咤するだらう、佛國を佛蘭西人の手に返せ!! かくてこそ吾々は目標に到着するのだ。之は忍耐の問題ではなく、現前問題、機會の問題である。マルキスト戰線は此の機會を吾々に提供するだらう。又政治屋も此の機會を挑撥するだらう。吾々はいざといふ場合には、二十五萬の愛國の志士を吾々の味方とする事が出來る。そして之等志士も亦吾々を味方なりと信ずる事が出來るのだ。たとへ自由と生命を失ふ危險がある場合にもこれは變る事はない。吾々は空しき大言壯語をするものではない。これは立派に證明された事實なのである。」と。一九三四年二月のパリー騷擾の時、黨は指導的役割を演じて黨員中より二名の死者を出した。機構上から見ると黨は全國二十一の地方に分れ、その地方支部が更に町村支部に分れ、それがもう一つ小團體の組に分れてゐる。各町村支部は各職能に應じた組に分れてゐる譯である。

黨籍にある者の數は現在九萬人である。彼等の制服は青シャツとバスク帽で、その徽章はガリエンの雄鷄（佛國の表象）の鬪爭心に燃え立つたポーズのものである。

一九三四年五月七日、本黨と「青年愛國黨」とが參加したパリのデモに際し、兩黨の間にそれ〴〵の獨立を保持する事を條件として、共同行動の盟約が結ばれ、その名を「佛國國民戰線」Front National と稱する事とした。此の戰線は佛國のあらゆる革新運動團體に門戶を開いてゐるのである。右の盟約の目的はマルキスト戰線に、强力な鬪爭力を以て對抗せんとするにある。黨の機關紙は「人民の友」L' Ami du Peuple と「佛國の雄鷄」Coque de France である。本部はパリ市ドルー街二十七番地 27, rue

Drout, Paris. である。

7. 佛國國粹黨 Le Francisme

ファショ團體たる「佛國國粹黨」がパリ凱旋門下で發會式をあげたのは、一九三三年九月二十九日であつた。その時には極少數の戰場生殘りの勇士が、石の楯の上に腕を載せ新運動に忠誠と獻身とを誓つたのであつた。黨の任務に就いてその指導者たるマルセル・ブカールは嘗て次の様に述べた。『余が創設した「佛國國粹黨」は、從來うんざりする程澤山あるような新政黨では斷じてない。これは簡單に言へば吾々の性格、吾々の氣質にぴつたり合つた、又吾々の方式に則つた佛國ファショ黨である。これこそ佛國の信仰的行動であり、此の點から云へば我黨は國家的であり、又行動への意志である。一階級の勝利の爲ではなく、國民全般の福祉の保護と勞働者の幸福のために行動せんとするのである。此の點から云へば又社會的である。吾々の哲學は吾々の祖先の哲學とは反對である。吾々の祖先は自由を欲求したが、吾々は秩序を欲求する。彼等は同胞愛を說き、吾々は感情の矯正を要求する。彼等は平等を願つたが、吾々は價値の高下を肯定する。吾々の祖先に取つては、個人は神に依つて造られた完全體であり、國家の自然的支柱であつた。然し吾々に取つては、個人は唯家族內で行動する場合にのみ在存するとの觀念である。』

「佛國國粹黨」は、佛國に奉仕するどころか佛國に寄食してゐる、職業的政治屋の權力を剝奪せんと

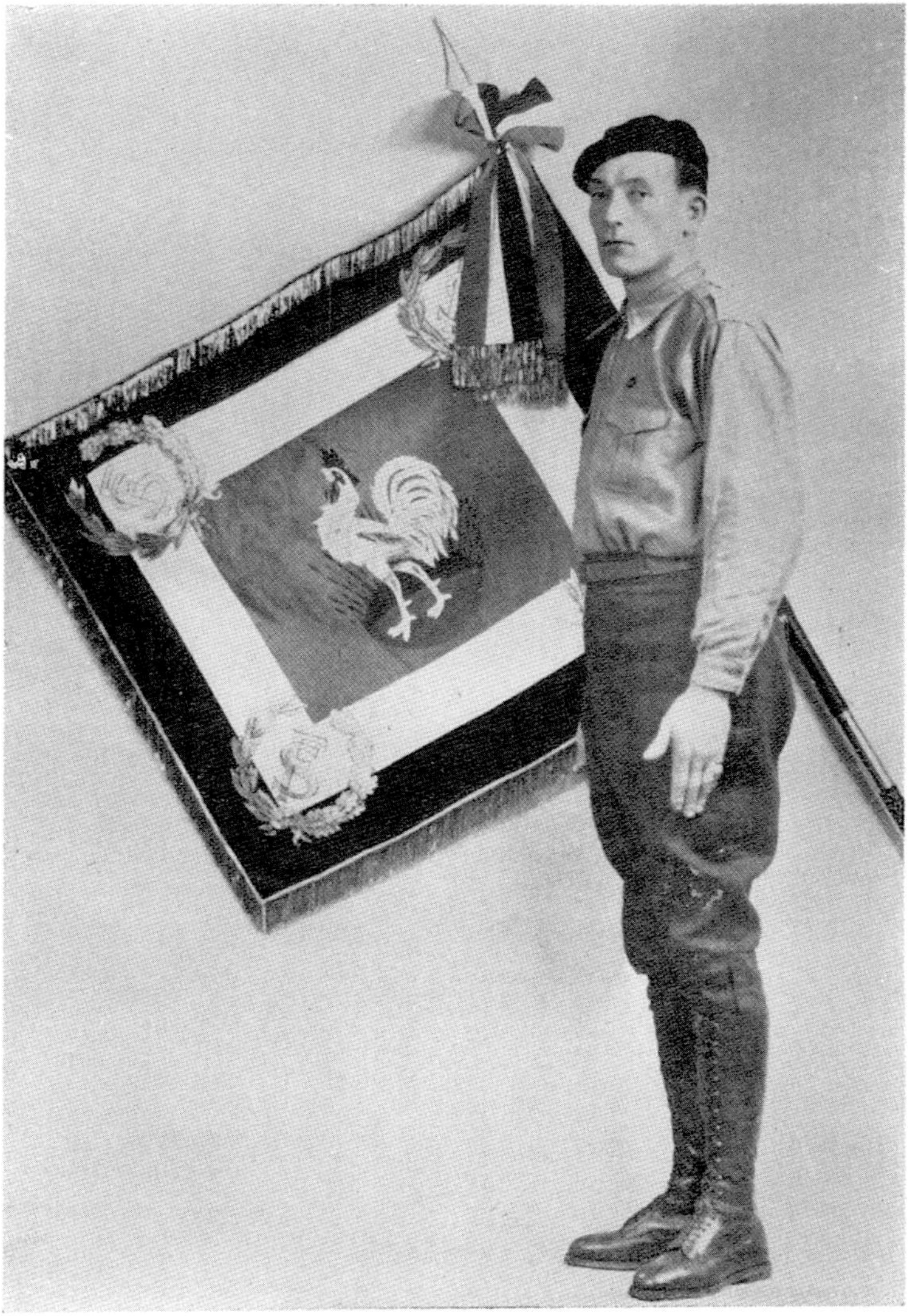

佛國協同黨の旗と制服

「佛國國粹黨」の指導者マルセル・ブカールと、
その股肱の黨員。

新入黨員を指導者マルセル・ブカールが、「佛國國粹
黨」綱領(壁上揭示)に誓約せしめてゐる場面。

する。祖國はマルヌ及びヴェルダンの精神をしつかり抱懷してゐる、若く潑剌とした人々の手に委ねられるべきものであり、又「各政黨及び各階級から一つの組織された政府となつて、全佛國を破產、悲慘、革命而して戰亂に導いて行く」議會制度の撤廢を要求する。又政黨は國民の意見を常に動搖させるから全部解散すべしと主張する。

經濟的政見に就いては「國粹黨」は「享樂的貴族主義の資本主義的制度」竝びに「國家否認論者の集團的制度」の兩方を排擊する。

資本は勞働に隷屬すべきものである。私益は公益に隷屬すべきものである。又階級と云ふ概念は協同體と云ふ概念に代はらるべきものである。私有財產はそれが協同體の公益を害する場合は即刻不法と宣言さるべきものである。

「國粹黨」は反道德的性質を帶び、カール・マルクスの唯物主義を母胎として各社會關係の平等を、社會一般の悲慘な狀態の中に實現せんとする集產主義を排擊する。又同じく舊政治形體の精神なりとして自由主義をも排する。

「國粹黨」は宗敎が政治目的に利用される事を許さないと同時に、信敎の自由に政治が容喙する事を許さない。

又フリーメーソンは「始終反國家的態度を執り、別種な危險な利益を追及してゐる」ものとして禁止を主張する。

人種問題に關しては、ブカールは伊太利ファシスト黨と同様な態度を持し、反ユダヤ民族主義自體を排する。

外交問題に就いて先づ第一の目標は、ムッソリーニとの完全な同盟及び全世界のファシスト團體と結合して平和を組成する事にあり、第二の目標は、血液と憎惡とを超越して新獨逸との諒解を獲得する事にあるとしてゐる。

「國粹黨」はその目的達成の爲、現在の國法がその市民に許してゐるあらゆる合法的手段を利用すると共に、國民の福祉の爲ならば非合法手段に訴へる事も敢へて辭さない。

黨員の數は一九三五年末に於いて約三萬五千人に及んだ。男子にして十八歳—三十歳に至る黨員は「ファショ親衛隊」に編入され、三十歳以上は「ファショ軍團」中に編入される。この他に特別な婦人黨員團がある。「國粹黨」に入黨せんとするものは黨に對する忠誠を誓約をせねばならぬ。脱黨はすべて指導者の手により、該黨員を誓約より解放した場合にのみ認められる。指導者は「休息への轉任」を宣言する權限を有する。

黨員は青色ネクタイをつけ、バスク帽を冠り、青色のシャツを着る。ファシスト團體の表象としては、一束の麥の穗が齒車を貫ぬき、更にその穗束からフランク族の武器たる斧が出てゐる徽章を用ひ

拳銃射撃練習中の佛國國粹黨員。

夏期キャムプ生活に軍事教練中の「佛國國粹黨」の青少年部

てゐる。これは農民、勞働者及び兵士の團結を表象してゐるのである。機關新聞は週刊紙「佛國國粹主義」Le Franciste である。本部はパリ市ブカレスト十五番地 Paris, 15, rue de Bucarest にある。

8. 國民社會主義國民軍 Milice Socialiste National (MSN.)

有名な評論家大學教授ギュスターフ・ヘルヴェ Gustaue Hervé が創設者であり且指導者である。

「國民社會主義國民軍」は政黨ではなく、國民的十字軍であり、國土を再建し破滅を阻止し、救濟せんとする。言ひ換へれば祖國に奉仕する國民警察隊である。故に全政黨の長所を採り、即ち革命主義者、急進論者からは社會正義に對する彼等の熱情、國際平和に對する彼等の理想、彼等の素晴しい知識的鋭敏さを採用し、穩健主義者、反動主義者からは彼等の私有財產に對する尊重の精神、祖國及び軍隊に對する崇拜、宗教尊重主義、秩序と規律に對する彼等の服從心を採用する。

「國民社會主義國民軍」は議會制の打破、權威的政體の樹立を要求する。佛國及びその廣大な植民地は、統領として執行的立法的權限を有する一主權者が統治すべきである。その權能は憲法並びに憲法を監視し、彈劾の權限を有する最高裁判所に依つて制限される。對外政策に關しては、ヴェルサイユ條約の一定條項は國際平和の障害となつたが故に、獨佛兩國に取つて合理的なそして名譽を保障する如き修正を加へ、之を基調として兩國の融和を計らんとする。

尙又フリーメーソンに對しては尖銳な反對態度を執り、その即時解散を要求する。又反ユダヤ人主義を拒否する。

此の團體は未だ佛國政界の決定的要素にはなつてゐない。その黨員は約二千人を數へてゐる。機關紙は一九一六年創立の日刊新聞「勝利」La Victoir で主筆はギュターフ・エヘルヴー自身である。本部はパリ市第十一區ヴルヴァル・ポアソニェール二十四番地 Paris IX., 24, Boulvard Poissonnière にある。

9. ノイエ・クラフト黨 Neue Kraft (NK.)

一九三四年春、アルサス州ミユールハウゼン Mülhausen で創立された「ノイエ・クラフト黨」の活動分野は、專らアルサス・ローレンに限局されてゐる。その政綱に從ひ、此の黨は一般的社會的國家的再建に依つて、秩序と正義を確立せんとする佛國人の一大民衆運動である。又本黨は全佛國の利益を擁護し、國土並びに植民地の不侵略を監視し、佛國の道德的傳統を維持せんとする。

本黨はフリーメーソン並びにマルキシズムに對する徹底的鬪爭を宣言し、その即時根絶を要求する。私有財產は自然的權利と看做され、國家は之を保護すべきものとする。併し又所有者の權利は、それが一般公共の利益をもたらす如く使用されねばならねとし、且異常の巨富を、小數人の手に蓄積する事には「ノイエ・クラフト黨」は反對である。何故ならば「それに依つて國家の一般的利益が損害を受けるからである」として居る。

各生産要素の間に調和協力を確立するために、「ノイエ・クラフト黨」は資本と勞働の完全な均衡が必要であるとし、この均衡は職能代表制に依つて實現するものと主張する。黨員の數は二、三千人である。機關紙は週刊紙「國家改革」Die Staatsreform で、本部はストラスブルク市メール・デイトリッヒ街四番地 Strassburg, 4, Quai du Maire Dietrich にある。

10. **佛國社會主義國民黨** Parti National-Socialiste Français (PNSF.)

「佛國社會主義國民黨」は佛國の最も新しい革新團體である。一九三四年ストラスブルクに本據を置き技師ルションに依つて創立された。ルションは今日尙黨の指導者である。

「佛國を佛蘭西人の手に」と云ふスローガンの下に立てられた黨綱領は、國際的マルキシズム、國際的金融資本竝に軍需工業に對し反對を唱へる。職能代表制國家形式を基礎とする全生産者の協力に依り、階級鬪爭を即時停止する事を要求し、又「腐敗した、無責任な議會制度」を撤廢し、その代りとして生産者の獨裁を以てせんとする。

黨は各國民間の平和の維持を特別な目標としてゐる。尙綱領中には「若し各國民が、吾々は先づ國際的となる前に國家的とならねばならぬと云ふ事を悟つたならば、世界平和はその時こそ實現されるのだ」と云ひ、「平和の前提の一つは佛蘭西と獨逸との間に、相互の安全を保障する完全な親善協調がもたらされる事である。獨逸との完全な融和こそ佛國の青年を犧牲とし、戰爭成金と國際的苦情家に利益を與へるに過ぎない戰爭を回避するものだ」と添へて居る。

人種問題に關しては反ユダヤ人主義を採らず、單にユダヤ人の權力の制限に協力する事を目的としてゐる。併しユダヤ人は黨員として入る事は出來ない。

一九三五年五月に行はれた市町村會議員選擧の時、此の黨は初めて候補者を立てたが、さしたる成功を得る事が出來なかつた。

11. 國民戰線同盟 Front National

一九三四年五月パリーに佛國協同黨首ジャン・ルノーが召集し、黨員一萬餘人が參加した總會で、初めて佛國に於ける愛國諸團體が共同戰線を結成するに至つた。此の總會には佛國協同黨員の他に多數の青年愛國黨員が出席した。その突擊隊員は「佛國協同黨」の突擊隊員と共同して會場警備示威勤務（院外團）の役目を果した。

之の二大佛國革新運動の指導者の間に協議が行はれた結果、一九三四年五月七日一つの協約が結ばれ、此の協約に依つて兩黨はそれぐ完全な獨立を維持しながら、國民戰線の名の下に共同の鬪爭戰線を形成する事になつたのである。「國民戰線」は他の愛國團體、特に「火の十字」黨及び「佛國行動黨」を傘下に引き入れるべく種々骨を折つてゐる。「國民戰線」の目標は、益々强大となつて來るマルキスト戰線に對抗すべく、强力なブロックを形成せんとするにある。

一〇、アイスランド

1. アイスランド國民社會主義黨 Flokkur Þjóðernissinna a Íslandi.

共産主義と腐敗政治に對抗すべくジスリ・シグルビョルンソン Gisli Sigurbjörnsson は、一九三三年四月「アイスランド國民主義運動」の名の下に國民社會主義黨を組織したのであつた。

黨員の數は忽ち增加し、此の國の首都だけでも數ケ月の裡に千人を超える入黨者を獲得した。その中百五十人は黨會議室護衛隊に組織されてゐる。此の黨會議室護衛隊は獨逸に倣つて組織され、制服として灰色のシャツを着し、アイスランドの表象色たる青・白・赤の中に巴の腕章を着けてゐる。

その綱領の骨子は次の如くである。

「共産主義に對する闘爭、デンマーク人の特權に對する闘爭、デンマーク人の經濟的、政治的勢力の打倒、デンマークを他の諸外國人と同列の地位に置くこと。」

此の運動は「赤色政府に依つて喰ひ入り、旣に最高級官吏中にも見出される腐敗の根絶」を要求する。又經濟指導者間の惡質な對立抗爭に依つて、全鰊漁場がノルウエーに讓渡さるるに至つたノルウエー通商條約の修正を要求する。

黨指導部が一九三四年一月二十日に行はれたライキャヴィク市 Reykjavik の市會議員選擧の時、自黨の候補者を立てる事を拒絶し、保守黨の國民社會主義を標榜する二候補者を支持する用意をした時、黨は深刻な內訌を經驗した。即ち穩健派と急進派とに分裂し、ヘルジ・ジョンソン Helgi Jonsson の統率する急進派は、「アイスランド國民社會主義黨」と名乘るに至つた。彼等はシグルビョルソンを批難して、「アイスランドに巢喰ふ保守主義者に對して餘りにも弱氣な態度を執つた」と、言ひ ジョンソンは自己の政見を提げて市會議員選擧に打つて出で、全投票の三パーセントを得た。即ち一萬三千八百八十票中三九九票を獲得する事が出來たのである。此の數字について顧慮すべき事は、ジョンソンの黨派は投票資格たる二十五歲に達しない者が大多數だつたと云ふ事である。

一九三四年三月、兩派は再び一黨に還元したが、それは創立者たるシグルビョルンソンをのけ者にしての合一であつた。統一アイスランド國民社會主義黨の指導者には學生ジョン・ヴエスタール Jon Vestdal がなつた。

黨機關紙は週刊紙「攻擊」Akaeran である。

一一、リトワニア

1. 雷十字黨 Perkonkrusts

獨立戰爭の時最初に大學生中隊に入隊した志願兵の一人であるグスターフ・ツェルミン Gustav Zelmin は、一九三三年の初にリトワニアの革新を目標とする「火の十字」運動を始めた。數ケ月にして安寧を害するものとして禁止されたが、新名「雷十字黨」の名の下に運動を續行した。新黨であり、それだけ政治的に全く因襲の重壓を蒙らない新運動である爲め、忽ち多數の入黨者を得る事が出來た。危ふしと見たマルキストは、大々的新聞陣に依つて「雷十字黨」の運動禁止を要求した。然るに皮肉にもマルキスト黨の招請に係る臨時國會に於いて、マルキスト黨の提案は否決された許りでなく、却つて前に宣告された「火の十字黨」禁止令が取消されるに至つた。

「雷十字黨」の目的はそのスローガン中に表はれてゐる。即ち「リトワニアをリトワニア人の手に」で、此の黨はリトワニア市民たり得るものは只リトワニア人種の血液を傳へるものに限るとし、ユダヤ人に對し尖鋭なる反對的態度を示した。又マルキシズム打倒、フリーメーソン、民主主義政府打倒を叱呼し、職能代表に依る國會の樹立を主張する。

對外政策に關しては、全バルチック國の軍事的經濟的同盟を企圖しつゝある。

此の運動の目醒しい發展と、その熾烈な活動の増强振りに不安を感じたリトワニア國政府は、一九三三年秋グスターフ・ツェルミンに依つて指導せらる「雷十字黨」運動の禁止令を出し、翌年二月に實施を見た。黨機關紙はすべて禁止され、捕縛投獄された者も若干あつた。政府は此の處置を執つた理由につき、非合法の目的を結論として抱く若干の重要な文書並びに、從來秘密にされてゐた綱領が發見されたからだと云つてゐる。

黨員數は解散當時約一萬五千人に上り、男子黨員は灰色のシャツを着、卍十字の腕章を卷き、黑色のビロードのベレ帽を冠つた制服隊に編入されてゐた。右手を擧げて「鬪爭萬歲」Zihnai sweiks と云ふが彼等の挨拶であつた。

一二、リヒテンシュタイン

1. 祖國同盟 Vaterländische Union (VC.)

一九三三年十月一日首都ワヅツ Vaduz で「リヒテンシュタイン祖國奉仕團」Liechtensteiner Heimatdienst (ＬＨＤ) の名の下に最初の革新運動が呱々の聲を擧げた。當時の團員は十五名で、その指導者は醫學士オットー・シエードラー Otto schaedler であつた。熱心な宣傳の結果は著しい團員の伸張を見た。就中此の新團體に參加して來た青少年の數は素晴しく、幾許もなくして青少年部の設置を必要とするに至つた。

祖國奉仕團の闘爭的綱領の概要は次の通りである。

「政府に、國內では可能な範圍に於ける最大の信頼の基礎を、そして外に對しては最大限度の權威と信望を與へる爲めに、出來るだけ廣汎な、リヒテンシュタイン國民の凡ゆる思想傾向を抱括せる基礎の上に立つて、從來の政黨政府を國民的政府に變更する。

リヒテンシュタイン國民に何等他よりの壓迫を加へられる事なく、自由に自己の考へに從つて政治問題に對する態度を決定する可能性を與へるために、舊時代の形式に於ける國民投票制と發議權の復活。僧侶と官吏の兩立を許さない法律の制定、かゝる併立は一僧侶の黨派的活動に依つて、政黨政治の原則が宗教的生活に交渉を有し來り、延いてはリヒテンシュタイン國民の大部分が、宗教に冷淡と節約政策の實施、殊に合理的經濟的にして且社會的原則に適つた俸給の節減及び官吏の淘汰。全勞働者階級並びに商工業者の信頼を得てゐる有力な人物を、勞働に關する國家的要職に選任すること。

隣邦諸國との國交の改善。

青少年教育の徹底と社會改革。

民主的、基督教的、職能的基礎の上に立つ新憲法の制定。

最後にリヒテンシュタイン祖國奉仕團は、分裂と不一致を國民に齎らす一切のものは國家に對する叛逆として罰せらるべしと主張する。」

人種問題に關しては、猛烈な反ユダヤ人主義である。

一九三四年十二月九日「リヒテンシュタイン祖國奉仕團」は、ワヅツ政廳前のデモに參加すべしと全黨員に檄を飛ばし、約五百餘人の黨員の參加を見た。之の際の擧黨一致の決議は七つの緊急要求から成つてゐるが、政府に依り皆拒絶され、奉仕團の集會とデモは禁せられ、又官吏が此の團體に入る事は禁せられた。制服と徽章も附ける事をも禁止され、數人の指導的人物は捕縛され、機關紙は何回となく差押へられた。

一九三五年二月、「リヒテンシュタイン奉仕團」は政府反對の國民黨(カトリック敎的急進派)と、反政府國民主義ブロックを結成する事となつた。二、三ケ月後即ち一九三五年五月三十日、國民主義ブロックに依つて試驗的に持ち出された選擧制度變革を目的とする、國民投票の動議が投票に依つて決せられるに至つた。その結果選擧資格者の四七・五%までの投票が此の反政府黨に與へられた。斯様な强力な反對黨の存在は、政府及びその與黨たる(カトリック敎的保守主義的)ブルジョア黨をして妥協的態度を執らしめるに至つた。併し乍ら妥協交渉は政府の反對黨に對する諸條件が、到底容れられない事が判然とするに至つて反對黨側から決裂に導かれた。

一九三五年十二月末、國民主義ブロックは一團に合併することゝなり、「祖國同盟」と稱する事となり、黨首には從來「リヒテンシュタイン祖國奉仕團」の指導者たりし、醫學士オットー・シエードラーが就任した。同奉仕團の表象であつた二の交叉した炬火が祖國同盟の表象となつた。

一九三六年一月十九日の町村會議員選擧の時、「祖國同盟」は始めて候補者を立て、十一の市町村會に十三の議員――而もその三人は市町村長の榮職をかち得た――を送る事が出來た。

祖國同盟の機關紙は週二回發行の「祖國リヒテンシュタイン」Liechtensteiner Vaterlandで、從來の週刊紙「リヒテンシュタイン報知」Liechtensteiner Nachrichten(國民黨の機關紙)と「リヒテンシユタイン祖國奉仕」(祖國奉仕團の機關紙)の二紙を母胎として生れたものである。本部はワヅツ市にある。

一三、ルクセムブルグ

1. ルクセムブルグ青年同盟 Letzeburger Jugendverband

ルクセムブルグでは、一九三五年に初めて誕生した「ルクセムブルグ青年同盟」が政治的革新團體である。此の同盟は「先づ第一義的にルクセムブルグ的な考へを抱ける青年」を、「ルクセムブルグ人に」のスローガンの下に呼び集めたのである。本同盟は青年と云ふ言葉を使用してゐるが、それは決して年齢を重んじてゐるのではなく、寧ろ若きルクセムブルグ人の精神を理解する事の出來る人々を意味してゐるのである。

「ルクセムブルグ青年同盟」は、全ルクセムブルグ國の青年をその傘下に結成せんとしてゐる。此の同盟の首領は工業地エッシュ Esch の出身であり、極めて實行力に富んだ勞働者パウル・ウーレ Paul Uhres である。彼はカトリック青年運動の指導者であつたが、當時のカトリック青年運動は、ルクセムブルグ青年結成の母胎たり得ないと云ふ信念に到達せざるを得なかつた。カトリック青年運動の一方的保守的立場は、新精神を自己の裡には導き入れる事を許さなかつた。時代の要求に對する理解の缺乏は、ウーレをして遂に思想を同じくする人々と共に「ルクセムブルグ青年同盟」を結成するに至らしめた。

彼の綱領によれば、同盟は先づ經濟に於けるユダヤ的、資本主義的搾取政策反對の旗幟を鮮明にしてゐる。政治及び經濟の指導者に依つて「國民と國土の利益を圖る最高の責任感」が要求され、階級闘爭は彈劾されてゐる。

同盟成立後の日が尚淺いにも拘らず、黨員數は既に二、三百人に達してゐる。黨員の挨拶は腕を擧げて「祖國に忠實なれ」Der Hémecht trei と叫ぶのである。

本部はエッシュ市ベーゼレル街二二四番地である。

一四、和蘭

和蘭には既に一九二二年、即ちムッソリーニの政權掌握の年以來ファショ運動が行はれてゐる。運動開始以來十一年を超えるにもかゝはらず之等ファショ運動は、一九三三年の初頃までは政界に何等の決定的要素たる位置を確立する事が出來なかつた。それには二つの理由がある。先づ第一はオランダ人の氣持が、此の様な革新思想を受け入れるに未だ充分熟してゐなかつたと云ふこと、第二はすべての同種の團體運動を統合出來るような指導者がなかつたと云ふ事である。尙之に加へるに、時の經過と共に諸團體の內部に不一致が起り、分裂、合併醜聞等が續出し、そのためオランダではファシズム及び國民社會主義の概念は聲望を失墜したのである。

その好適例は、一九三一年カステル・デユ・ビンクホルスト Kastell de Binckhorst で創立された「國民社會主義和蘭勞働黨」(NSNAP)である。その指導的黨員としてオランダ人シュミット Smit、シューテン Schouten、ヘイトン Hayghton、ラパルド Rappard、ヴァターランド Waterland が居たが、意見の不一致から黨指導部の若干分子は相對立し、夫々が同一の政綱と同一の黨名の團體を創立するに至つたのである。その結果暫くの間ォランダ勞働者國民社會主義黨と呼ばれる黨が十四もあると云ふ奇現象を呈し、これ等の諸流は公衆の面前で猛烈に爭ひ合つたのである。そして遂にオランダ勞働者國民社會主義クロイト Kruyt 少佐派を除く他の黨は、すべて適當な指導者のない爲、漸次政治の舞臺から消え失せて行つたのである。

そこへマルキシズムが登場して盛んに挑戰的態度を見せ、軍艦上で暴動さへ始めるに至つた事、恐慌が益々擴大した事及びドイツに於けるナチス運動の成功が、オランダの革新運動に强烈な拍車をかけた。殊に急速に勢力を得たのは、一九三一年末機械技師ムッセルト Mussert に依つて創立された「國民社會主義運動」(NSB)であつた。一九三五年四月の州會議員選擧の際、既に此の黨は全投票數の七・九パーセントを得て十三政黨の內第五位を占むるに至つた。ムッセルトの率ゐる運動はその後向上を辿りつゝあるから、一九三六年の國會議員選擧には驚異的進出を見せるものと豫想される。

1. 國民社會主義運動 Nationaal-Socialistische Beweging (NSB)

「國民社會主義運動」は、一九三一年十二月、オランダ人技師長アントン・アンドリアン・ムッセルトに依つて創立された。ムッセルトは四十位の年輩で、機械技師として世界的な名聲を有する人物である。

「國民社會主義運動」の開始を導いた原因に就ては、ムッセルトは或る新聞記者に向つて次の如く語つた。「國民的運動の起る前の獨逸と同じ樣に、吾々の國に於いても西部の全地方が、マルキシズムとモスコー赤色政府によつて征服せられ、壓倒される危險が存在してゐる。政府は此の顚覆計劃に對して無氣力且無活動なたゞ傍觀を續けてゐるのみである。これは別段不思議ではない、何故なら彼等はずつと以前に過ぎ去つた舊世紀の民主的、自由主義的世界觀に因はれて居り、寛容や人權と云ふようなことに夢中になつてゐるからだ。之の社會民主黨や共產主義者に對する寛容的態度は、政府が自ら企てなくともオランダをいつか破滅させてしまふにきまつて居るのである。これこそ私にウトレヒトUtrecht で國民社會主義運動を創めるに至らしめた動機であつた。」

專ら建設にのみ向けられた一九三二年中は、國民社會主義運動は何等世上に頭角を現はさなかつた。之がため此の運動は新聞や國民に依つて殆んと注目されなかつたのである。併し一九三三年一月七日にウトレヒトで最初の黨大會が行はれた時から、急速に世人の目は此のムッセルト運動に向けられ初めた。この日同志一千人の內約六百人が示威行進に參加した。同じくウトレヒトで、一九三三年十月七日、豫定よりも早く開かれた第二回大會に出席した同志の數は優に六千人を超えた。彼等は隊伍を作つて彼等の指導者の前を分列行進した。自由主義新聞たる「一般商業新聞」Allgemeen Hendelsblad ですら次の如くに書かざるを得なかつた。「それは見た者に取つて忘れる事の出來ないデモであつた。此のデモ運動は終末に於いて吾々が我國でこれまで殆んど經驗したことのない様な國民的興奮にまで高まつて行つた。」

此の「國民社會主義運動」の息つくひまもない進出振りに依つて、オランダの既成政黨內には著しい不安が橫溢して來た。「國民社會主義運動」の進出振りに抑壓を加へるために、政府側は種々の對策を用ひ、總理大臣コレイン Colijn は制服着用、徽章佩用に關する以前の禁令に引續き、オランダの官公吏は國民社會主義運動員たるべからずと云ふ命令を公布した。これが爲總ゆる階級の官公吏約千人の人々が之に觸れる事になつたが、その中には多數の市町村長があつた。彼等は此の命令に基き或は辭職し或は黨から脱退した。ウトレヒトの州廳水道部の技師長であつたムッセルトは、此の命令に對して次の樣に答へた。「私は官吏として辭職など願ひ出ない。寧ろ暴力を以て抛りだして貰ひたい。私はヒットラーやムッソリーニの樣に筆でパンをかせがうと努めるだらう。吾々は生きん事を求める。しかし吾々の運動費たる黨員の會費に依つて生きようとは思はない」と。此の結黨禁止令は明白に國家の害蟲たるマルキストには及ばなかつたから、「國民社會主義運動」は此の命令に依つて却つて多數の新加盟者を獲る事が出來た。

一九三四年の初め、敎會方面から國民社會主義に對する運動が起つた。それは明白な政治的性質を帶び、且ウトレヒトの大司敎並びに其の他の地方の司敎が連署した共同聲明書中に、「國民社會主義運動」を辛辣に攻擊し、そして司敎及び敎會の職員が此の黨に入黨する事を、解雇の威嚇を以て禁止したのであつた。

かくてオランダ・カトリック敎徒の團結が、國民社會主義運動に參加する事により危殆に陷る事を表面上防止せんとしたものである。

「國民社會主義運動」の政綱は二十箇條より成る。その政綱中で强力國家を要求し、その元首として女王即ちオラニエン家 Haus Oranien を奉ぜんとする。更に强力な政府を要望し、その指揮を王自身よりのみ授けられ、議會に對しては責任を負はないものとする。吾國に於ては既に多年その無力を暴露したのみならず、凡ゆる健全な國民的發展の障碍物たる事を暴露し來つた議會と云ふ樣なものは、完全に消失してしまふであらう。民主主義的選擧制國家に代替するものとして、吾々はヒットラーやムッソリーニの如く「職能代表制國家」を採らんとする。從來の政黨の黨利黨略主義に對立して、「國民社會主義運動」は指導者主義を確立する。

財政制度は專ら國家の利益本位でなければならない。富豪は國家の中に國家を形成してはならない。短期資本の償還によつて、大資本に對してその利潤支拂義務から、國家並びに國民を解散する事業を貫徹しなければならない。銀行經營は國家の監督下に置かれるであらう。

社會的見地から云へば生產的經營に於いては、その一員として事業の經營に共同責任を持つて働く全人員のために、利潤の均霑が要求されなければならない。その協同體に己れの能力に應じて奉仕してゐる國民のすべてに對し、職業の種類に應じ、五十歲乃至六十歲から年金を與へられるべきである。

人種問題は「國民社會主義運動」ではその綱領中に取り上げてゐないから、根本的に反ユダヤ人主義だと看做す譯には行かない。然し英國のモズレイ運動の如く、ムッセルト運動もその立場を轉向せざるを得なくなると云ふことはあり得る事である、ユダヤ的マルキストの方面から國民社會主義が受けてゐる猛烈な攻擊は、此の點に就いて最强の拍車をかけるものであらう。ムッセルトはユダヤ人を三の部類に區別してゐる。

一、過激主義、マルキシズムに歸依する國際ユダヤ人。かゝるものは決して入黨させない。

二、エルサレムをその故郷と看做すユダヤ國建設運動主義者。彼等はオランダを害さない限り、外國人として住居を許す。

三、國民主義的思想を有するユダヤ人、即ち眞にオランダを祖國となす人々。かゝるユダヤ人は申込に應じて「國民社會主義運動」に參加を許す。

一九三五年四月行はれた州會議員選擧の際に、「國民社會主義運動」は初めて候補者を立てた。同志は全部で四萬五千人であつたが、(註二)その内約三萬人は法定選擧資格年齡たる二十五歲に達してゐなかつたから、未だ選擧權を持たなかつたのである。併も斯樣な狀態に於いてもムッセルト運動は二十六萬四千百八十票を獲る事が出來、これは全投票數の七・九％である。此の選擧に參加した十三の黨の內「國民社會主義運動」は、全當選議員數五二八人の中三九人まで獲る事が出來て、第五黨となる事が出來たのである。オランダに於いて四萬五千人の黨員數がどれだけの意義を有するかは、オランダの社會民主黨がその四十年に及ぶ歴史にかゝはらず、從來約八萬人の黨員しか持つ事が出來なかつたと云ふ事實が雄辯に物語つてゐるであらう。

本運動の組織を見れば、オランダ全國を所謂クリングKringe即ち區劃に分けて居り、之の區劃は更に分團と班とに分れる。男子黨員は主として所謂「防護隊」(註二)Wehr-Abteilungenに組織される。併し一九三三年九月發布された制服禁止令により黑シャツの着用は禁ぜられた。「防護隊」の闘爭歌は「防護隊は行進す」であつて、これはその語句及び調子の上から云つてもホルスト・ヴェッセル歌Horst-Wessel-Liedから取材したものである。同志相互の挨拶は右手を擧げ、そして有名な一五六六年當時の「反スペイン貴族黨」の闘爭の合言葉「コースを變へるな」Hou Zeeを叫ぶのである。橙色・白色・青色の三色旗及び赤色・白色・青色の三色旗の他に、此の黨は中央に彼等の徽章を置いた自黨旗黑赤二色の旗を持ち歩く。

黨機關紙は週刊紙「國民と祖國」Volk en Vaterlandで、現在十萬以上の發行部數を有してゐる。此の中央機關紙の他に地方機關紙があるが、これ亦同樣可成多數の發行部數に達してゐる。青少年のためには「青年は行進す」Jongeren Marscheerenといふ一新聞が發行されてゐる。

黨本部はウトレヒト市ウーデ・グラハト三五四番地である。

註一、一九三五年の終頃「國民社會主義運動」の同志は既に六萬五千に達した。

註二、一九三五年十二月初旬オランダ政府は國會に一の法律案を提案したが、それは私的防衛團の結成を禁ぜんとするものであつた。當時の開院式勅語に依れば「官廳の權限內の事項に私的權力の形成せらるゝことを防止するため」とあつた。政府の禁令の機先を制し、ムッセルトは自發的にその防衛隊を一九三六年一月一日に解散した。

2. 國民社會主義運動綱領

一、歐洲、亞細亞及び亞米利加に在るオランダ國の各領土は如何なる狀態の下にも相互に支持を與へ、外國に向つて一致團結の實を示すこと。

二、オランダ共和國外のディチェ民族の各部分に對する關係は、出來る限り共和國內の各部分間の關係に近似せしめること。

三、オランダ共和國の利益に關しては、之を外國に對し强力に。合理的に且合目的に認めしめる。此の場合攻擊の意圖はない。外國との協力は相互に利益を意味する場合振作される必要がある。

四、外部からの攻擊に對する共和國の防禦力は、可能なる限り萬全の策を盡して强化すること。

五、富豪、教會及び國民阿諛に捉はれぬ强力な、且公共に奉仕する國家權力の振作。

六、醇風美俗に反せる形式をとり且不用となりつゝある選擧運動の除外を目的として、選擧權の修正を行ふ。協同體による國民の組織を圖ること。舊い無益な諸制度の撤廢若くは修正。

七、畸形化した兵役義務の廢止、及び之に附隨せる醇風美俗に悖る抽籤制度の廢止、選擧權有資格者と認定される兵役就役可能なる全國民に選擧權を與へること。

八、國民經濟の目標は公正な需要を合理的に充足せんとする所にあるべきである。

九、此の目的貫徹の爲には健全な經濟生活が必要である。此の目的の爲に總ゆる事業の經營(農業、牧畜、蔬菜栽培、工業、商業、交通事業等の諸經營)は國家及び經營そのもの丶中に從事してゐる人達の監督の下にあるのである。罷業及び工場閉鎖は反社會的手段として禁せられる。論點は事業遂行の障碍を惹起せざる樣調整される。

一〇、その種類に依り或はその規模に依り、國家に依る指導若くは國家的見地による指導の行はれること、その目的に最もよく妥當する如き事業經營は國營とし、それ以外の事業は民營に止む。私有財產を認めるが、不充分な指導或は公共の利益に反する管理の行はれて居る事業經營には、國家が干涉する。

一一、國民は合して一の勤勞共同社會を形成する。國家及び共同社會に奉仕するの念を涵養し、軍事的及經濟的抵抗力を增進するため、總ゆる靑年男女に一年間の義務勞働制を實施する。

一二、その位置の如何を問はず、國民は凡て彼の任務の遂行に責任を有し、且彼の能力に應じ、勤勞共同社會の發展並びに國民福祉と國民文化の發展に協同する義務がある。

一三、少數者の手に財產が過度に蓄積される事を防止する。國民を犧牲にしての蓄富、公共の利益に反する私有財産の使用、暴利、詐欺、勞働嫌惡、瞞着等々は國家に對する犯罪として嚴重處罰される。

一四、財貨は國家に奉仕すべきものである。富豪は國家內に於いて國家を形成すべきでない。それには次の事が必要である。即ち短期拂に依り資本を國家に戻し、國債によらずして國家の任務を遂行し、銀行業を監督し、公共的な民營事業に合目的的なクレヂットを設定することに依つて、大資本に對する國家の利子支拂義務の束縛から國家（同時に國民をも）を解放することである。

一五、オランダ本國に於いてキリスト敎的宗敎を保護すると共に、宗敎並に良心の完全な自由を保障すること。

一六、醇風美俗を重んじ、秩序あり、禮儀あり、共同的精神に富み且勤勉なる人となる樣、青少年を敎育すること。階級、職業を問はず指導的な且强固なる性格を有する人物の養成に努めること。

一七、學術技藝の奬勵、國民の一致、獨立心及び醇風美俗を害する敎義、制度及び行爲の抑壓、都市及び田園に於ける風光美はしき土地の効果的保護。

一八、生產事業の利益均霑の機會をその事業の從業員にも與へること。但しその事業の遂行に對し共同的責任を分擔する事を條件とする。

一九、五十―六十歲より（その職業の種類に依り）、共同社會に應分の奉仕をした國民に對し、年金を與へること。

傷病兵には此の年金を早期より與へること。健康保險。

二〇、精神的、肉體的缺陷により共同勤勞に參加する事の出來ない貧窮なるオランダ人の救助。

ウトレヒト、一九三一年十二月

3. 國民社會主義和蘭勞働黨 Nationaal-Socialistische Nederlandsche Arbeiders-Partij (NSNAP.)

一九三三年以來存續してゐる此の「國民社會主義和蘭勞働黨」の創立者且指導者は、現在六十五歲になる前オランダ植民地派遣軍士官C・I・A・クロイト少佐である。彼は勞働者國民社會主義派ワーテルランド Waterland 黨に屬してゐたが、間もなく此の派から離れ、國民社會主義黨を創立したのである。

「國民社會主義獨逸勞働黨」(NSDAP)と多くの一致點を有する政綱中から、次の若干の本質的な點をとり出して見よう。

『「國民社會主義和蘭勞働黨」は、民族自決主義に基いて全オランダ人が團結し、大オランダ國をつくる事を要求してゐる。彼等は又オランダ民族が文化的、政治的及び經濟的關係に於いて純ゲルマン民族的基礎に立つて進路を定め、かくて同種民族即ちドイツ人、スカンディナヴィア人、英國人、ベルギー人及びスイス人と緊密な結合を成就する事を要求する。

C・I・A・クロイト少佐。「國民社會主義和蘭勞働黨」の指導者。

機械技師ムッセルト。「國民社會主義運動」の指導者にして創立者。

ユトレヒトのデモ行進に際しムッセルト分列式を閲兵す。

一九三五年四月初旬、アムステルダムで行はれた國民社會主義運動大會に際して行はれた、デモ行進の先頭に立つて歩むムッセルト（右手を擧げて居る）。寫眞左右の男は警察犬を連れた刑事。

警官が「國民社會主義運動」員のアムステルダム市街デモを阻害せんと、共産系分子を側路に追ひやる所。

國民社會主義運動旗が、六〇〇人の同志參加の下に開かれた
一九三五年大會の會場に持ちこまれる所。

七千人が參加して行はれたロッテルダムの國民社會主義運動大會。

國民は民族的同胞となる事が出來るのみだ。ユダヤ人は民族的同胞ではないから、外來者として扱はねばならぬ。從つて從等は外國人法の適用を受ける。

私有財産は、公正に取得せられたるものである限り之を認める。共同利益的性質の所有物は國民の利益の爲に提供使用されねばならぬ。

信仰の自由は、それが國家に何等の危險をなさず、或は良風美俗に反せず、ゲルマン的道義感情に衝突しない限り保證される。』

一九三四年八月「國民社會主義和蘭勞働黨」は、オランダのニーメゲン Nijmegen で最初の黨全國大會を開催し、これには數千の黨員が參加した。然しながら此の黨は未だオランダの政界に何等決定的な勢力分子となつてゐない。その全黨員數は約六千乃至七千を數へる事が出來る。男子黨員は院外團に組織編入され、茶色のシャツを着、オランダ國旗の色赤・白・青の三色の地に卍十字のついた腕章を附ける。これが制服であるが、目下制服着用禁止令が出てゐる。

黨機關紙は週刊紙「オランダ國民社會主義者」De Nederlandsche Naticaal-Socialist である。

黨本部はハールレム市スパールネ街二十一番地である。

4. 國民社會主義和蘭勞働黨綱領

一、民族自決權に基き全オランダ人が大オランダ國を結成をする事を要求する。

二、オランダ國民をして文化的、政治的並びに經濟的に、一樣にゲルマン的感情と思想を抱く樣に指導し、かくて吾が同種民族により、緊密な接近關係を持たしめること。玆に云ふ同種民族とはドイツ人、スカンディナヴィア人、ベルギー人及びスイス人である。そして其の目的とする所は、相合して革新された西洋の敎養ある民族として聯邦的同盟を結び、以て他の强大國の勢力に强力な抵抗線を形成するに在る。

三、民族的同胞のみが國民となり得る。ユダヤ人は民族的同胞ではないから、絕對に「國民社會主義和蘭勞働黨」員とはなり得ない。國民たる事を許されぬものは唯滯在客としてオランダに生活を送り得るのみで、從つて外國人法の適用を受ける。國民たるものはすべて同一の權利義務を有する。

四、公共の官職には性格、才能及び素行に於て完全に適當せる國民のみが任用される。

五、肉體的たると精神的たるとを問はず、勤勞は全國民の義務である、これに依り權利と義務とが並立するのである。勤勞は公共の利益を害するものであつてはならない。

六、「利子根性」の根絕、收入と利子は國民勤勞の嚴正な報酬であり、原動力でなければならぬ。之に依り高利及び不勞所得の一切が消失する。

七、公正なる手段に依り得られた私有財產は存續を許される。然し先づそれは公共的性質を帶びねばならない。財貨に關しては國利民福に合する樣利用されねばならない。

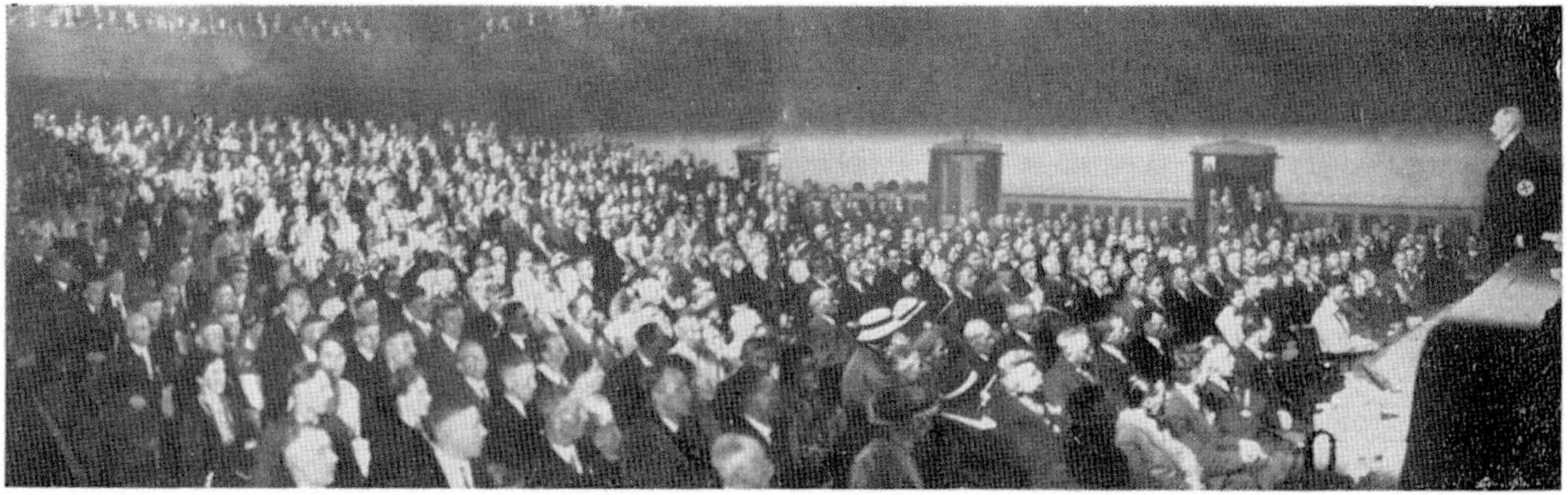

「國民社會主義和蘭勞働黨」首クロイト少佐が、一九三四年八月二日メゲンで行はれた黨大會に際しデモ演說を行つてゐる所。

八、總ゆる責任を免れ只國際的金融資本家に奉仕するが如き、總べての經濟的、政治的制度の撤廢。職業團體を往時の如くに設立し、そして個人的に責任を持つ指導者を附すること。オランダは各職業團體から適當な人物を選び出し、彼等に依り統治されなくてはならない。今日の如く國民の投票權を濫用する政黨政治家の政治は駄目である。即ち彼等は何等專門知識を持たずして判決し、そして黨利私利に走るからである。

九、國家は誠實な勤勞をなし、又生計の資を得んとする人々に對して、その機會を與へる樣工夫する義務がある。和蘭は「現行制度」の罪と、國際資本家及びマルキストとに依り、激烈な恐慌に襲はれたのである。かゝる事態に强力を以て止めを刺すことが國民社會主義者の任務である。失業は故意に發生せしめられるのである。即ちそれは唯物的大資本並びに自分自身の生存の爲に、現在の社會に不滿を抱く人々の存在を必要とする一派の坊主共が必要とする一の事態なのである。國家はその國民に義務を課し權利を賦與するが、逆に國家もその國民より同じく義務を課せられ又權利を與へられてゐると見るべきである。即ちその第一の權利は勤勞を要求する事であり、第一の義務は國民に申分なき生活を營む機會を作つてやる事である。國家は勞働者が大資本家や坊主一派の喰物にならない樣工夫する義務がある。國家は又老後の國民生活安定に就いても種々考慮を拂はねばならない。苟くも國民たるものゝ生活は現行制度に於けるが如く、晩年に於いて慈善に賴らしめる事があつてはならない。

一〇、國內生產力の發展と、他のヨーロッパ大陸のゲルマン民族との、相互の自由通商に資する樣自由通商主義を採用すること。

一一、健全なる中堅階級の創設と維持。階級鬪爭は人類初まつて以來最も唾棄すべき鬪爭である。總ゆる職業階級はそれぞれ生存の權利を持つてゐる。そのため大百貨店を各獨立した企業部門に變革し、又トラストや株式會社制度を破棄し、全銀行を國家の監督の下に置く事が必要である。

一二、農業と農民階級の爲に强力な對策を講ずること。此の農民の健全さと國力の最も主要なる根源を、最早これ以上國際的商業利益及び階級利益に依つて毒する事は許されない。今や農民と農業は吾々の國民性格の形成に昔より以上に力を致さねばならぬ時である。勤勉なる農民階級と農村民を、物質至上主義者たる彼の奸商連と大資本の魔手から保護する事は、「國民社會主義和蘭勞働黨」綱領の最も重要なる項目の一つである。健全なる工場勞働者及び職工階級と並んで置かれるべきものは、健全なる農民階級である。

一三、ヨーロッパ大陸內外に於いてオランダ國の利益を强力を以て維持すること。

一四、その行動に依り、國民の一般福祉を害する輩に對して容赦なく鬪爭を行ふこと。國民に對する反逆者、詐欺師、暴利取得者等は、宗教或は種族の如何に關はらず、死刑を以て罰せられねばならない。更に政治屋、移住外國人及び資本家等は、オランダ國民を喰物にして懐を肥やした者達であるから、最近數年間の彼等の收入に就いて調査を行はねばならない。彼等の財產及び收入は差し押へられるべきである。

一五、敎育は國民主義的精神の上に樹立されるべきである。

一六、新聞の故意の虛言及びその傳播に對し、法律を以て之に對抗壓迫すること。新聞は只オランダ國民のみ發行し得べきこと。

一七、吾々は國家に對し何等の危險を及ぼさず、又ゲルマン民族の醇風美俗並びに道德的感情に牴觸せざる限りに於いて、國家に於ける信仰の自由を要求する。ゲルマン民族精神は吾等が內外の唯物的精神を打倒し、そして吾が民族の健全化は、共同利益は個人の利益に優先すと云ふ根本精神を基調として、內奧よりのみ行はれ得るものなる事を確信してゐるのである。

一五、諸威

1. 諸威國民社會主議勞働黨 Norges Nasjonalsocialistiske Arbeiderparti (NNSAP.)

諸威の最も古い革新運動なる「諸威國民社會主義勞働黨」は、約五年前即ち一九三〇年十月にその結成を見たのである。

本黨は現在イングヴァル・フィーン Yngvar Fyhn の統率する所であり、其の黨員は凡そ五千名を算し、これは更に幾多の班と細胞に分れ全國に配備されてゐる。目下諸威に於ても發令されてゐる制服禁止令に依つて、本黨の宣傳工作は極めて制限を蒙つてゐる。

本黨の綱領は黨の本質的なる目的の觀點より、獨逸の國民社會主義と極めて近似せるもので、そのナチスの綱領と相異せる點は、諸威の國情が然らしめたに過ぎぬ。

共產主義との鬪爭に於て、諸威の國民社會主義者は再三再四流血の犧牲を拂はねばならなかつた。一九三四年五月、オスローで約二千名の共產黨員と、その約半數にすぎぬノールウェイのナチス黨員との間に一大衝突を見、其の結果諸威ナチス黨員に幾多の負傷者を出したのである。

黨機關は月刊紙「國民社會主義者」Nasjonal-Socialisten である。

2. 國民集會 Nasjonal Samling (NS.)

ヴィドクン・クゥイスリング。前諸威陸軍大臣にして彼の創始せる「國民集會」の指導者たり。

イングヴァル・フィーン。「諸威國民社會主義勞働黨」の指導者。

「國民集會」は一九三三年五月、元陸軍大臣ヴィドクン・クゥイスリング Vidkun Quisling 少佐に依り結成された。クゥイスリンク少佐に關する人物評として語られる處によれば、壯年時代彼と交際する人々の一切にとつて、謎の人であつたといふことである。即ち諾威國立陸軍學校の試驗に彼は拔群の成績を示したので、彼の論文は國王と政府とに捧呈された程であつた。かゝる優秀な成績の結果は、彼が極めて順調に昇級して行つたのは自明の事である。數年後には參謀本部附を命ぜられ、ヘルシングフォルスの陸軍武官として、フリトョーフ・ナンセン Fridtjof Nansen に同伴して露國に行つた。露都モスコー駐在諾威公使館付武官として最後の數年をソ聯邦で送り、ソ聯邦滯在十年にして故國に歸るや、彼は共產主義に對してひそかに抱懷してゐた同情同感をすてゝ、ソ聯邦赤色組織の欺瞞政策を暴露する幾多の論文を公表した。

彼の右の聲明が、一九三〇年度の選擧の結果に多大の影響を與へた事は勿論であつた。

共產黨員はその結果、諾威の國會に於て首位を占める事が出來なかつた。「國民集會」は指導者原理の思想に立脚せるもので、議會主義を排し、明朗にして社會的なる進路を一路邁進する。階級鬪爭の克服と、眞個の國民協同主義的精神の樹立こそ、彼等の最も必要なる使命の一つである。又「國民集會」は諾威の經濟的、國家的更生に必要不可缺の政策の一切を、全權を以て遂行する一つの强力なる政府の樹立を要求するものである。

更に又政黨政治に依る國家經濟遂行の撤廢を要求し、又ムッソリーニの職能代表制國家に酷似せる基礎の上に、諸威議會を再組織すべき事を要求する。「國民集會」は二つの議院の成立を要望する。その一は政府任命の專門家並に一流の人物から構成され、他は組合或は勞働者、被傭者團體から選出される一つの經濟團體によつて成立し、一切の法律案は兩議院に提出されねばならないと彼等は主張する。國會 Storthing を隨時解散する權利は政府に屬する。公平なると行政と租税の同時的輕減とに依つて、財政は整理され、地方自治行政は最後的に徹廢される方針である。農民階級の負債輕減の目的で、農業の收益率を高めるべき根本的諸方策が要求される。

之に關しては「自給自足」Autarki の方針が豫定せられてゐる。諸威國の需要を輸入に依らずして充足する樣、諸威の穀物政策は調整されねばならない。

不法なる賃銀下落を防止する目的で、社會黨方面では調停裁判制採用が要望される。新規の勞働法に依り、勞働組合その他の諸團體は「職能代表制國家」の體制に模樣替される方針である。一切のマルクス主義的組織の禁止、「國家の一切の仇敵」の選擧權、被選擧權の徹廢、一般集團的勤勞奉仕義務制の採用等が「國民集會」の綱領中に擧げられてゐる。

人種問題に關しては「國民集會」は斷乎として反ユダヤ的態度を執つてゐる。

「國民集會」の機關紙は一九三五年十一月七日公表して曰く、「强力なる勢力を振ふユダヤ的資本、無限の金權を背景とせる强力なユダヤ人のフリーメーソン組織、コミンテルンの各種細胞組織とその無數の地下潜行組織」こそ、諸威國家の成立とその文化にとつての不倶戴天の仇敵なりとしてゐる。外交政策としては「國民集會」は目的を明瞭に把握せる國家意志の斷行を要求する。「國民集會」は外交政策には効果的なる軍部の支持を不可缺のものと見る。最後にそれは英國の庇護の下に立つ一つの北歐民族聯盟の樹立（註）を要求する。

註、スエーデン、ノールウェイ及びデンマーク諸國が相互保障の爲政治上の聯盟を結ぶこと。

綱領に盛られたる一切の目的遂行の爲には、「國民集會は」例外なく合法的手段を採らんとする。「國民集會」の現在加盟者數は約二萬二千名に及んで居る。一九三三年十月に行はれたる諸威國會議員選擧に際して、「國民集會」は始めて之に參加し、投票總數一百二十五萬票中三萬以上を獲たが、「國民集會」の同志の大部分が未だ選擧年齡に達してゐない爲に一票を投ずるを得なかつた事は留意すべきだ。「國民集會」の機關紙は週報として出されてゐる同名の新聞である。

その外に「國民集會青年」NS Ungdommen なる名稱を有する青年班員用の特別新聞がある。

3. 「國民集會」の目的――

「國民集會」の目的とする所は次の如し。

階級鬪爭と黨派とを有せざる國民的統一、即ち秩序ある生活の上に築かれ、一つの强力にして安定せる政府を有する連帯的諸威國民協同體即ち是れである。

右の觀點から出發して本運動は次の如き綱領を實行せんとする。

第一、國家と公共團體に關して

一、政黨政治から解放された實行力ある國會。

二、國民の文化的並に經濟的生活は、獨立の合法的職能別團體へ組織付ける方針をとること。右職能別團體は夫々國家の監督に服し、個人と國家との間の紐帶となり、尚本職能別團體の全國委員會が國政指導の上に權力を持つ樣編成すること。

三、專門的なる人と物との流用を高度化する事により、官吏の個人的責任感により、又一般行政と國家の經濟、企業との間を劃然と區別する事により國家行政を合理化すること。

四、市町村團體の自治行政の改革。市町村團體は有効なる國家の統制の下に服さねばならない。政府の機關としての地方長官の地位を强化すること。市町村團體の負債を根本的に整理すること。國家と市町村團體の責任範圍とを明確に區別分離すること。

五、嚴正なる立法と司法制度の確立。

國家はすべての警察事務を行ふこと。

贈賄と瀆職とを嚴重に取締ること。
法廷の尊嚴の向上、素人の裁判參加を制限すること。
刑法の改正と國家本位の民法制定。
六、貯蓄を奬勵し且出來得る限り營業者の負擔を輕減する樣、永年にわたる財政計劃に準據して國家財政を調整すること。
七、一切の健全なる青年の爲に、協同精神の涵養振作と新たに土地耕作改良の機會を與ふる爲、自發的集團的勤勞奉仕を採用すること。

第二、勤勞生活に關して

八、國民は全て勤勞に服する權利と義務を有す。その肉體勞働たると精神勞働たるとを問はず勤勞は尊敬せらるべきこと。
九、各人の經濟活動と私有財產權とは、諸威國内に存立する一切の能力を全的に活用する事に依り、生產と交易とを計畫的に規制する事に依り、調整さるべきである。國家と市町村團體とは經濟的企業を行はざること。但し公共の利益が之を必要とする場合はこの限りに非ず。
一〇、私人のイニシァティーヴを尊重し、水、土地、空並びに瀧(「註」水の落差ある所)に於ける國民財を適當に利用厚生の途を講ずること。

一一、工場閉鎖と同盟罷業は嚴禁す。勞働法規は勞資調協の必要を考慮し、雇主と被傭人の權利義務を明らかにし、勤勞生活に於ける利害對立が解決されるよう規定さるべきである。經營と被傭人（サラリーマン）と勞働者とが搾取されぬ樣、取引所法規及株式法規を改正し、經濟指導者の個人的責任を重加すること。

一二、失業は全國的なる事業計畫に基き、一切の適切なる手段に依つて克服されねばならない。勞働時間と勞働年限數とは、全青年層が勤勞に就き得る樣、技術の發達に準じて決定を見るべき事となるであらう。現在の勞働量は、適當に且公平に配分さるべきである。二重の利得追及 Doppelverdienertum と特別保護政策 Protektion とは防止されねばならぬ。勞働者の手當を規定する事は計畫的なる社會改造の任務である。

一三、一國の經濟に奉仕せんとする根本精神に基く、安定せる貨幣價値を有する合理的貨幣制度。

一四、銀行制度は變更され中央に統括さるゝを要する。

「信用制度」は企業の大小を論ぜず、全國民經濟を配慮すべきである。資本は勞働生活に奉仕すべく、利子負擔は輕減されねばならない。

有害なる投機（思惑）と不相應なる不勞所得は防遏さるべきである。

貯金制度、養老制度、生活救護制度を確立すべし。

一五、自由獨立の農民階級を擡頭せしめ、一國の生活資料（食料）の供給を保證すると同時に、新しい土地の耕作を可能ならしめる國家的農業政策の遂行（農業が立ち行く樣租税、關税、市場、價格の統制）。

一六、森林經濟を大規模に奬勵振作すること。

森林に働く徒弟達を訓育すること。

森林の收益は、森林業者に對して一年中過不足なく勞働を保證するが如き、合理的なる經營方法乃至開墾道路（土木）事業に依り高めらるべきこと。

森林業者の地位を向上せしめ、森林の所有者たる可能性を與ふべきこと。

一七、漁業者は、漁獲物の改良促進に依り、輸入を一層よく組織付け、外國貿易を促進し、倉庫と輸送狀態の現代化により、又漁業者の負債を整理し、漁業者を一層容易に農業に轉業せしめる事に依り、組織ある公共の援助を以て支持後援すべき事。

一八、手工業、國內工業及び小規模經營を大いに奬勵振作すること。

第三、個人、團體と國民保健に關して

一九、個人の獨立自營の責任を高めること。

個人は全體の利益のため、最もよくその才能と特色とを利用し得るが如く、適材を適所に置くこと。

二〇、家族と家庭生活を保護すること。家庭內での主婦の勤の保護とその身分保護。男女間の政治的、法律的並びに職業的の差別撤廢。

幼兒保護と老弱者に對する國民の救護を斷行すること。

二一、國民保健を衞生と住宅改良により、更に酒類(アルコール)濫用の防遏と健全なる國民鍛錬によりて向上すること。

第二の國民(種族)の保護。常習犯、精神病者及び遺傳癈疾者にして、專門家の意見に鑑み、健康なる子孫を得る見込なきものは斷種すること。

外國人の滯留と、入國とを嚴に取締ること。

第四、學校と精神生活に關して

二二、キリスト敎團の根本精神を保護すること。

二三、人格陶冶、公共(協同)精神、體育の促進及び實際生活に對する常識、見識を大いに高める事により、短期間に一層よく學校敎育を施すこと。

學生各個人の素質と將來の計畫に即し、社會の要求に適合せる專門敎育を施さんとする一般敎育方針の採用。

國家は奬學資金制に依りて、特に才能ある青年子弟に高等教育を受ける機會を得させること。

研究所と專門學校の設立。

二四、國家の監督を受け、國家の經濟的援助の下に立つ、秩序ある自治による自由獨立の精神生活。

二五、新聞、演劇、ラヂオ、映畫及び其の他の文化宣傳機關は、國民の利益に奉仕すべきである。團體精神に反する宣傳、階級憎惡の宣傳を禁止すること。

二六、二つの方言を諸威語に自然的に融合される樣促進すること、但し之を强要せざること。

第五、國防と外交政策

二七、國防を强化すること。特に海空の國防は强化されねばならない。陸、海、空軍が緊密に共同作戰し得る樣編成替すること。

二八、外交は實踐的にして且效果的でなければならぬ。目的に適つた國家的商業政策並に外交政策の明確なる方針を決定すること。

二九、特に商業政策は國民經濟に確固たる基礎を與へるが故に、輸出と航路を維持する樣努めること。
隨時且充分に生産し得る商品は外國より輸入せざること。

彼我兩方に於て必要なる限り、右の自足主義に拘はらず、他國と活潑に交易すべきこと。

在外諸威企業は進取的にして目的に則するよう政府の支持を受くべきこと。

極地に於ける諸威の權益を斷乎として維持すること。

三〇、外交政策は人種、文化並びに利害關係の一致せる國々と接近し、この根本政策に基き、將來萬一必要ある場合には共同の利害のため提携邁進すべきこと。

國家の利益は、個人並に國内の一部のもの丶利益に優先するといふ原則は、常に妥當たるべきである。

國民の利益を通じて個人の利益へ。

我々は一國なり。我々は一國民たらんと欲す。

一六、波蘭

1. 國民社會主義勞働黨 Narodowo-Socjalistycznej Partji Robotniczej (NSPR.)

波蘭國民社會主義の創設者は Józef Gralla である。彼はその政綱を波蘭の生んだ偉大なる思想家にして哲學者なる Mickiewicz, Slowacki, Krasinski 等の思想を本として樹立したのである。而して此等の偉大なる人々は、既に一世紀以前に彼等の著書に於て、波蘭國民の生活問題を、國家的に同時に又國民的に、並びに社會的に取扱はんと盡力したのであるが、Mickiewicz の次の言葉は有名である。

「人類を幸福にする爲には、社會主義は先づ國民的ならざるべからず」と。

一九二六年、波蘭のナチス運動の創設者は波蘭の本運動に明確なる一線を引き、又純國粹的なる色彩を與へんとして、從來の前線の闘士達や愛國者達をカトウィッ Kattowitz に多數招集したのである。然しながらポーランドのナチス運動は、時期と情況とが充分熟してゐなかつたため、右の計畫は失敗に終つた。

總ゆる國々からポーランド國內へ猶太人が入り込み、益々ポーランドを困窮せしむるに至り、土着のポーランド人からその勞働と食糧とを奪ふに至つて、始めて前述の思想が擡頭したのである。

かくして一九三三年の五月にカトウィッに於てポーランド最初のナチス黨が、「國民社會主義勞働黨」なる名稱の下に成立したのであつて、その黨首には黨の創設者たる Gralla が就任した。

絶對の服從と鐵の如き規律とが、黨の內部機構の特色である。外部に對しては、黨は純粹の國民社會主義的政綱の下に立ち、本政綱によつてアリヤン人種の優位が嚴然として認められてゐる。勤勉力行、綱紀肅正及び祖國愛が新入黨員の守るべき三大原則なのである。

經濟的觀點からして、第一の要素と看做されるのは勞働であつて、これは貨幣のための價値尺度たるべきものである。

個人の發言權と實行力とを後援支持し、飽くこと無き自由主義的、個人主義的資本主義には、國民主義的、協同團體的精神による資本主義がとつて替る。マルキシズムの意味に於ける國民財の社會主義化は否定せられた。

西部波蘭から、國民社會主義運動は全國に擴まつて行つた。嘗つて僅かに二十五名の同志の手で設立された黨は、日を經るにつれ擴大强化され、一年後には同志の數は十萬を算し、制服として櫻色の上着《シヤツ》と黑色の長ズボンを着用するに至つたのである。彼等は右手を高く差し上げて敬禮し「前進」Naprzód と叫ぶ。黨の象徵は簡單なる電光であつた。

然るに時が經つにつれ、本運動とユダヤ人運動とが再三正面衝突をするに及んで、政府は口實を見出して遂に一九三四年本黨は全國的に解散の憂目を見た。制服の着用と黨の象徵の佩用とは禁止せられ、黨の機關紙「電光《イナヅマ》」Błyskawica は發行停止となつた。

一七、葡萄牙

歐洲に於て、國家體制を變革した國々の先頭に立つたものはポルトガルである。即ち一九三五年七月に、ポルトガルは既に第九回目の國民革命記念日を祝福した。

最近略々十年間に、葡萄牙はその面目を根底から一新したのである。大統領カルモーナ Carmona 將軍の指導の下に、首相サラザール Salazar の鐵腕に依つてポルトガルは統一され、一つの强固なる國家形態となり、今やそれは國內の自由を獲得し、堂々と現代文明國家の列に互して進んでゐるのである。

大戰の不幸な結果として招來されたものは、他の歐洲諸國に於けると同じく、葡萄牙に於ても幾星霜に亘る國內鬪爭が、健全なる國運の發展を阻碍したことである。革命運動、黨爭及び經濟的不況等は然しながら獨逸と同樣、自由主義的議會制度を以てしては決して克服されなかつた。この非常時にあたつて、ポルトガルは夙にカルモーナとサラザールなる二大人物を其の指導者として得ることが出來、この二人は鐵腕を振つて國內の混亂を一掃し、模範的なる政治に依つて國民の驚歎と尊敬とを獲得したのである。

彼等は最初の鐵腕を、先づ國內に於ける反國家的異分子に向けられた。即ち共產主義とマルキシズムは一敗地に塗れ、かくして初めて國家的統一の前提が作られたのであつた。黨派による國民經濟は終りを遂げ、從來の議會に職能代表制が取つて替つた。公共事業を與へることによつて失業はなくなり、失業者數を激減することに成功した。第一流の財政家としての手腕を發揮したのは教授オリヴェイラ・サラザール博士であつて、彼は周知の如く首相以外に大藏大臣をも兼攝し、財政恢復の衝に當つてゐるのである。國家財政の根本改造、勤儉貯蓄並びに、徹底的に良心的なる行政とに依つて、彼は比較的短期間に民主主義政治による經濟破綻のため、紊亂の極に達してゐた財政的均衡を恢復し、更に一歩前進し國の豫算をして逐年益々黒字を計上せしむるに至つたのである。

サラザールがこの奇蹟を實現し（奇蹟と言ふ言葉以外の語を以て彼の業蹟を表明し得ないのだ）、祖國の經濟的將來のみならず國家の品位を救つて以來、彼は更に一層廣大にして高き目標に邁進したのである。即ち「新國家」Estado Novo の建設である。彼はこの新しい國家を職能代表制的原理の上に建設せんとした。而して先づ從來の政黨を解消せしめ、更めて一九三一年統一的、非政黨的なる「國民同盟」União Nacional を結成したのである。此處に於て彼は、本同盟が從來の諸政黨、教會、軍隊、資本主義的勞働組合から完全に獨立獨行する事を要望したのである。

ポルトガルの立法を行ふものは、直接、秘密、普通選擧に依つて選ばれた國會であつて、これには諮問機關として、職能代表會議 Ständekammer が附屬されてゐる。職能代表會議なるものは、廣汎な自治權を備へた州、縣代表と、經濟的職能代表から構成されてゐる。國會の代議士は九十名に及ぶ

カルモーナ將軍
新興ポルトガルの大統領

ポルトガル首相オリヴエィラ・サラザール教授。その力強い指導の下にポルトガルはあらゆる方面に非常なる發展を遂げた。

のであるが、これは全部「國民同盟」に屬してゐる。「國民同盟」は一九三四年十二月の最近の選擧に際して、全投票數の八十パーセント以上を獲得し得たのであつた。葡萄牙國民側がかくの如き信任を表明してゐたのであるから、一九三五年一月に行はれた大統領選擧の結果は、最初から何等疑問の餘地がなく、又特に立候補者は一人だつたから問題にならなかつた。

即ち從來の大統領六十六歳のカルモーナ將軍こそ、新しい國是と新時代のポルトガル國家の建設意志の具體的代表者であつた。

八十五%以上の多數を以てカルモーナは、葡萄牙共和國の爾後七年間の大統領に選出されたのであつた。かくして彼は一九一〇年の共和國宣言以來、幾多の大臣や將軍連が遂行し得ざりし所を爲し遂げたのである。即ち彼は多年に亘り國民に安寧と秩序とを保證した。安寧、秩序こそとりも直さず政治的、經濟的復興の成功のため不可缺の條件である。

1. 新葡萄牙國家の十誡

一、新國家は調和統一を表現し、恒久的なる價値を有する一切のものゝ綜合と、若々しく潑剌たる一切のものゝ綜合を表現す。即ち祖國の最も生氣潑剌たる諸種の傳統と、その最も進取的なる活動とを表現する。一言にして之を言へば、新國家は道德的にして又社會的たり。且又政治的なる前衛を象徵してゐるのである。

二、新國家は國民の獨立と統一の保證人であり、又その一切の有機的なる諸力均衡の保證人であり、その一切の創造的なる諸精力《エネルギー》の豐穰なる發動者なのである。

三、新國家は、如何なる階級にも從屬する事なし。反對に新國家は一切の階級を、國民の利益なるすべての上に立つ均齊調和《ハルモニー》に服從せしむるものである。

四、新國家は一切の古い形式主義を排撃する。即ち、自由を伴はざる權力、權力の伴はざる自由を排し、國家はこれ等古きものに代ふるに新しい形式を以てするのである。即ち權力あり、同時に自由であるもの。

五、新國家にとりては、社會的觀點よりすれば、團體の一員としてのみ各個人は存在する。詳言すれば自然的團體即ち家族、地域的團體即ち市町村、職能的團體即ち組合團體の一員としてであつて、かゝる社會的特性を備えてゐてこそ、個人は一切の必要なるもの、即ち一切の權利を認められるのである。これは又とりも直さず新國家にとつては、個人個人に別々の權利なるものは存在せず、人間の實際的具體的なる權利が存在することを意味するものである。

六、國家にして强大たらんとせば、先づ第一に行政權の强大なることを要す。議會政治は、政府をして立法府に從屬せしめたのであるが、又立法府は諸政黨の喧騷にして無責任極まる獨裁が支配してゐたのである。國家と政府との最高權力の嚴然たること、獨立不羈、不偏不動なることに依つて、新國家は强力なる國家として存立を確保す。

七、新國家に於ては、國民の代表たる國會は單なる机上空論的見解や、一時的なる團體を基礎とせず、國家的生命の永續的現實體たる家族、組合、結社並びに公共團體を以て基礎とする。

八、一切の葡萄牙人は名譽と自由を損ぜられず生活する權利を有する。然しながら總べてに先んずるものは、ポルトガル國民全體としての同様の名譽と自由の要求權であつて、全體の利益は優先し個人の利益を包含してしまふのである。サラザール氏は嘗つて曰く「全體のため一切を犧牲に供する義務あるのみ、少數者のため全體を犧牲にする義務なし」と。

九、新國家は一大國家として、ポルトガルが嘗つて有せし世界文明の榮光の中に、その昔日の偉大さを再現せんと欲す。新國家は「ポルトガルが、往古の如く世界の最も偉大なる精神的强國の一たらんこと」を欲するものである。

十、新國家の敵は國民の敵なり。報國の精神を以て、即ち秩序と公益と萬人にとつての正義のためにのみ、吾人は權力を行使し得るし、又行使せざるべからず。この場合の權力行使は、祖國を正當に防衛することゝなるであらう。

一八、羅馬尼

1. キリスト教國民防衛聯盟 Ligii Apărării Nationale Creştine

本運動は志を一にする人々の結社として、クーツァ Cuza 教授を先頭に立て、既に大戰前に早くも成立を見たものであるが、それが組織付けられたのは、纔に戰後數年に於てゞあつた。クーツァ教授は今日ヤッシイJassy大學の國民經濟學の教授として教壇に立つてゐるのであるが、彼は既に八十歳の老齢である。ドレスデンで彼はギムナジュームを見學し、後ドイツの諸大學に遊學した。一八九五年に彼はブカレストで反猶太會議を招集し、それには數多の歐洲諸國が馳せ參じた。

本聯盟は綱領の首位に反ユダヤ主義を掲げてゐる。それは公生活から猶太人種を排斥することを要求し、又商工業と自由職業に關しては「ユダヤ人制限」を、總べての官公吏と軍隊內部の一部少數者に關しては、「ユダヤ人追放」を要求する。

經濟的なる特殊目的を追求しない。

外交政策に於ては、斷乎としてルーマニャの親佛方針に反對し、强き親獨的態度を表明する。この態度に鑑み、一九三五年クーツァ紙に發表された黨首の筆に成る論文は、大いに注目すべきものであつて、それは詳細に羅馬尼の外交に關して論陣を布いた。曰く、

『ルーマニヤは如何なる外交政策をとれるや？ティトゥレスク Titulescu の政策なり。ティトゥレスクは如何なる政策をとれるや？佛左翼の政策なり。佛左翼は如何なる政策をとれるや？獨逸を恐るゝの餘り、ボルシェヴィキとロシア共産黨と提携せんとする政策なり。

然らばボルシェヴィキとロシア共産黨とは如何なる政策をとれるや？一切の國家を解消し、之をして國際ボルシェヴィキ共産黨に隷屬せしめんとする政策なり。コミンテルンは如何なる政策をとれるや？ユダヤ人の手に依り、一切の國民を隷屬せしめんとする政策なり。

之が爲に必要なる第一條件は、天才的指導者たる宰相アドルフ・ヒットラーによりて統率せられ、國内の猶太的コミンテルンを殲滅し、全世界の文明を救濟せる國民社會主義獨逸國家の殲滅なり。

羅馬尼はティトゥレスク氏の政策を遂行しつゝあり。こは獨逸を恐るゝボルシェヴィキと共産黨との提携政策にして、この羅馬尼の外交政策に直面し、吾人は議論巧者なるかゝる政策の代表者に向つて、次の如く質議する正當の權利を有するものと信ず。即ち「汝は何處に行かんとするか？」と。』

クーツァの同志は主として學生と農民から構成されてゐる。象徴は逆卍字であつて、制服としては青色のシャツを着用する。クーツァ運動の中央機關は「國家防衛」Apararea nationalā である。

一九三五年七月長期間の審議の後、クーツァ教授の統率するキリスト教國民防衛聯盟とオクタヴィアン・ゴーガア Octavian Gogas の統率する「國民農民黨」とが合同して、「國民キリスト教黨」なる新黨を形成した。名譽黨首はクーツァ教授で、實際の議長は農民代表のゴーガァ氏である。ゴーガァが一九三五年、ルーマニヤ議會で宣言せる新合同黨の政綱は、國民主義を標榜し、極端なる反猶太主義を奉ずる。反フリーメーソン鬪爭、反自由主義デモクラシー鬪爭、又君主政體への斷乎たる信條「羅馬尼は羅馬尼人に」なる標語への斷乎たる信條こそ、本綱領に揭げられた爾餘の根本諸項である。

右の諸目的の達成こそ軍隊、財界、官界、教育團體を問はず、即ち一切の官廳、一切の公企業中に活動する國民の、信念を以て遂行せんとする所である。

經濟的領域に於ては、黨は一切のトラスト、カルテル並に又一切の正義に反する產業保護法の徹廢を要求し、以て工業生產物と農業生產物の間の均衡を保たんとする。黨は更に羅馬尼の「勞働の最高位」の復活を要求し、又ルーマニヤ農民、商業者のための信用制度の創設を要求する。

最後に、戰後附與された一切の國籍の充分なる調查と、國外の種々なる侵入者を新聞印刷界から淸掃することが要求される。

「國民キリスト教黨」の公の機關紙は「我等が鄕土」Tara Noastra である。

黨指導本部の所在はブカレストである。

クーツァ教授（左）とオクタヴィアン・ゴーガア
反ユダヤ主義を奉ずる「國民キリスト教黨」の兩巨頭

「國民キリスト教黨」の指導者クーツァ教授とオクタヴィアン・ゴーガアが、同志から熱狂的の歡呼を受けてゐる光景。

「國民キリスト教黨」の聲明式場光景。一九三五年十月二十日ツエルノウィツの大會に際して。

「鐵衛兵團」の創始者にして指導者たるコルネリウ・コドレアヌが、同志な徒歩査閲する光景。

2. 鐵衛兵團 Garda de Fier

「鐵衛兵團」は一九三三年末、當時のドゥカ Duca 自由主義內閣の指令に依り、禁壓されたものであるが、それがルーマニャの政治生活上非常な重要性を持つてゐたから、此處に述べることゝする。(註)

註　一九三五年六月、禁壓されたる「鐵衛兵」は名稱を「鄉土に萬事を」Totui Pentru Taia と變更して新たに生れ出たのであつた。指導の任をひき受けたのは老將軍カンタクシノ Cantacusino で、一方コドレアヌ Codreanu がその代表者となつた。組織と目的とは解消せる「鐵衛兵」と同じであり、又シンボルも同樣に逆卍字であつた。

本團の創立者はコルネリウ・ゼレア・コドレアヌ Corneliu Zelea Codreanu で、同氏はクーツァ敎授の反猶太人運動から出發した人である。創立年度は一九三一年である。

「鐵衛兵團」は眞の意味での羅馬尼國家更生運動の代表者たらん事を要望する。然し「鐵衛兵團」は、元來ドイツの國民社會主義又はイタリーのファシズムと同一視する事は出來なかつた。たとへそれは最初は伊太利の、後にはドイツの先例を習ふに至つたとしても、本運動は純國粹的な思想系統から成立じたものであつて、ルーマニャは二、三の中心的大都市を有するとはいへ、農業國であるとの簡單なる論理から出發したものである。國の決定的なる進步發展は低度の文化水準にある農民階級を向上せしめ、農民を國家的の共同事業に參與せしむる事が成功する曉に、始めて達成されると云ふ事實を認識し、「鐵衛兵團」の闘爭目標は農民と土地の開放とに向けられたのである。かくてこそ始めて彼の意味深長なる象徴が理解される。即ち「鐵衛兵團」員は、完全に入黨して後、土を一杯塡めた小袋をもらふのであつて、この小袋は土地との不可分關係を象徴するのである。而してその土地の開放の爲には、各團員はいつでも生命を的にしなければならなかつた。

「鐵衛兵團」は最初から一つの明瞭なる綱領を有してゐる。それは總ゆる關係に於て積極的方策を呈示したものであつた。反ユダヤ主義は首位に置かれてゐたが、ソ聯邦やハンガリーを利するべき一切の修正に斷乎反抗する完全なる國民主義を基として、獨裁と職能制國家體勢の政治目的に組入れられた。彼等の爾餘の要求は次の如くであつた。——即ち青年の獨逸式教育、佛蘭西流の西歐デモクラシーの排擊、外國の利子奴隷たる狀態に反抗して闘爭する事、一切の政黨の解消、一切の奸商行爲に對する死刑制度、行政上の秩序と規律、合法的方法による如上一切の遂行。

「鐵衛兵團」は指導的原理に基いて結成された。ドイツ的意味に於ける何等の黨員なく、職務管理者なく、又親衛兵もなかつたのであつて、本團員は個人個人が一人で完結せるものであつた。

「鐵衛兵團」の一切の會員が嚴守すべき五ケ條の規律は次の通りである。

1　靜肅、2　超國家的なる權力の支配から、土地を開放すべく勇往邁進すること、3　團のため常に盡粹すること、4　絕對の服從、5　盟友のため相互扶助をなすこと。

學生ファシヨ運動の第十二回紀念祭に當り、ブカレストに於て、コルネリウ・コドレアヌの臨席の下に閱兵式行はる。

ルーマニヤのファシヨ學生群。卐十字の黨旗をかざし、右手をあげてコドレアヌに敬禮。

「鐵衛兵團」の指導者たる、コドレアヌの住居。「隊長」なる看板（標示）を掲げたる地下室。

國民服をまとへるコドレアヌ。彼の指導によりて同志間に組織されたる勤労奉仕の眞只中にて。

コドレアヌ主義を奉ずる人々に屬するものとしては、先づ第一に學生と農民があつたが、又多數の元將官や僧侶達もあつたのである。

一九三三年十二月の末に、自由主義政治家たる總理大臣ドゥカは「鐵衞兵團」解散の責任者として暗殺され、この暗殺事件の準備と煽動の疑の罪名に依り、「鐵衞兵團」の指導者達は告訴された。其の後裁判に於て三人の犯人が終身懲役に處せられ、他の被告の全部（その中にコドレアヌも居たのだが）は放免となつた。「鐵衞兵團」の機關紙としては週刊の「軸」Axa であつた。

3. 鐵楯團 Stahlschild

嘗つては「ルーマニア國民社會主義黨」と稱された「鐵楯團」は、退役大佐ステファン・タラレスク Stefan Tătărescu によつて一九三三年に創設された。タラレスクは尉官時代ドイツの某步兵聯隊に勤務してゐたので、二十箇條から成り立つ綱領は、その根本方針に於てドイツのナチスに近似してゐる。特に注目すべきは第四條と第五條であつて、即ちユダヤ人問題に對する團の態度と、ドイツ人少數者に對する態度が示されてゐるのである。

第四條に曰く、「ルーマニヤ在住のユダヤ人は二つの異つた群に分たれる。即ち土着の者と一九一四年以來羅國に移住せるものとである。我々はルーマニヤ國民に對して義務を負ふ。故に第二のカテゴリーに屬する一切のユダヤ人は、憲法に於て極力豫防策を講ぜられて居るにも不拘移住せるものであるから排斥せねばならぬ。同時に第一カテゴリーのユダヤ人の一切をも産業、金融、新聞の指導的立場から追放し、これ等の指導權をばルーマニヤ國民の本當の子弟達に委ねんとするものである。」

第五條に曰く、「反國民主義的なる諸勢力に對す果敢なる鬪爭に於て、我々の旗の下に、イレデンタ Irredent の思想を有せざる一切のキリスト敎的少數者をば結合せんとする。我々はこれ等少數者に言語、敎會、文化並に社會上の權利の完全なる自由をば保證せんとするものである。我々は千年以上もルーマニヤの土地に住み、又イレデンタ運動を問題としないのみならず、ルーマニヤの國民的統一と國民の發達繁榮に寄與するドイツ國民と、共に永久に親交を結んで協力せんとするものなることを表明する。獨逸人は愛國的、建設的で且創造的又勤勉にして規則ある市民なることを自ら證明した。故にドイツ人達は、我々の同情同感と、尊敬とを得る權利を有すると思ふ。ドイツ人は唯一の少數者であつて、この唯一の少數者と共に我々はルーマニヤ國建設と云ふ大事業に際して、我々を結合し一致團結すると云ふことに價値を見出すのである。」

「鐵楯團」は約二千名の黨員を獲得した。黨のシンボルは逆卍字であり、機關紙は週刊の「國民社會主義」National-Socialistul である。黨本部の所在地はブカレストである。

一九、瑞典

瑞典の革新運動の濫觴は一九二六年に遡る。その頃ストックホルムに於ける「國民」Nationenと稱する雜誌を圍んで、一つの小さな集會が生れた。この集會は自ら瑞典のファッショ的鬪爭組織と稱し、そしてコンラード・ハルグレン Konrad Hallgren、スヴェン・オロヴ・リンドホルム Sven Olov Lindholm、スヴェン・ヘデングレン Sven Hedengren 等がその幹部であつた。尙この集會の機關紙として「小枝の束」Spökníppet なる新聞が發行されてゐた。彼等の支持する目的は、ファッショ的思想體系よりもむしろ、ナチスのそれに近似せるを以て、一九二九年從來の名稱を「國民社會主義人民黨」と變更することを議決したのである。それより一年後、獸醫たるビルゲル・フルガルド Birger Furugård 博士が、自ら創設したる「國民社會主義勞農黨」を統率して本黨に參加した。爲めに從來フルガルドによりて發行されてゐた新聞「國民社會主義者」はスヴェン・オロヴ・リンドホルムの指揮の下に合同せる兩運動の機關紙となつた。年月の經過と共に、ハルグレン氏は黨首として適材でないことが判然した。又反動的會員の離黨が頻繁となつた。即ちこれ等の反動分子は國民社會主義を指して、單なる保守黨の代用物と看做してゐたのである。一九三〇年に、本運動が更に衰退するのを防止するため、管理委員會が組織された。それにはリンドホルム、フルガルト兩氏の外に、更に二、三の黨員が屬することになつた。かくて離散せる黨員の歸參後、「國民社會主義人民黨」は Nysvenska Nationalsocialistiska Förbundet と改稱されて、「我等が鬪爭」Vår Kampなる新聞が本運動の機關紙となつた。反動的分子を再び味方にしようと試みられたのは、彼等をも何とかして國民社會主義に轉向せしめ得るであらうと期待されたからである。併し一方此等反動分子の側では、國民社會主義者就中リンドホルムとその同志とを、右翼急進派の味方に引き入れることが出來ると考へてゐたのである。間もなく黨名は三度變更を見た。即ち「瑞典國民社會主義黨」となり、フルガルド博士が唯一の指導者となり、リンドホルムは黨代表者となつた。一九三三年の初頭「瑞典國民社會主義黨」の內部に於て大論戰が行はれ、その結果二つの戰線が結成された。リンドホルム對フルガルトのそれである。この分離對立が益々尖銳化した結果、リンドホルムは黨員の最大多數を統率して「國民社會主義勞働黨」を創設した。而してフルガルトは、リンドホルム派の離黨によつて著しく減少せる「瑞典國民社會主義黨」の指導權を掌握し續けてゐた。

1. 瑞典國民社會主義黨 Svenska Nationalsocialistiska Partiet (SNSP.)

「瑞典國民社會主義黨」は變轉多き過去を持つてゐる。即ち一九三〇年スェーデンの獸醫ビルゲル・フルガルト博士が「國民社會主義勞農黨」を創設したのであるが、これは其の後間もなく「瑞典ファッショ的鬪爭團」なる團體から生じた「國民社會主義國民黨」と合流した。合同せる國民社會主義運動

瑞典國民社會主義黨首、ビルゲル・フルガルト。

國民社會主義勞働黨の創設者にして黨首たるスヴェン・オロヴ・リンドホルム。

フルガルト派の突擊隊所屬員のストックホルム市行進（瑞典も目下制服禁止中）

瑞典國民社會主義黨の指導者ビルゲル・フルガルト
博士が黨大會にて聲明してゐる所。

スヴェン・オロウ・リンドホルムの統率する「國民社會主義
勞働黨」の選擧宣傳自動車、ストツクホルム市街を通過。

國民社會主義勞働黨「リンドホルム派」の選擧演說。ストツクホルムの或る廣場にて。

國民社會主義勞働黨の大集會の光景

の黨首にはコンラード・ハルグレンがなつたが、彼は指導者として不適當な事が判明したので、一つの管理委員會が組織され、フルガルト氏外四名の黨員がこれを構成する事となつた。黨名は「Nysvenska nationalsocialistiska Förbundet」と變更され、新聞「我等が闘爭」が機關紙とされた。二三ヶ月の後、フルガルト博士が唯一の黨指導者となり、黨代表者には、スヴェン・オロヴ・リンドホルムが任命された。黨は此處で再度名稱を變じ現在の「瑞典國民社會主義黨」と稱することとなつた。一九三三年の初めに、フルガルト氏とリンドホルム氏との意見の對立を見るに至り、後者は黨員の過半數を率ゐて「瑞典國民社會主義黨」から離黨し、「國民社會主義勞働黨」なる新黨を結成したのである。フルガルト黨の綱領は、その最も核心的なる諸項目に於て、ドイツのナチスのものと一致してゐる。故にその綱領の核心は反猶太主義的であり、象徴として逆卍字を使用してゐる。登錄黨員數は約二千乃至三千名で、黨の諸種の施設を防衛する目的で、ドイツの突擊隊に類似せる一つの團隊が編成された。しかしこれは現行の制服着用禁止令によつて、宣傳工作上大いに制限を蒙つてゐる。彼等のスローガンは「瑞典人よ醒覺せよ！」と云ふのであり、彼等の挨拶は「フルガルトに光榮あれ！」と云つて右手を擧げるのである。黨機關紙は週刊の「國民社會主義新聞」Nationalsocialistisk Tidning である。黨本部の所在地は Karlstad 市 Pihlgrensgatan 五番地である。

2. 國民社會主義勞働黨 Nationalsocialistiska Arbetarepartiet（NSAP.）

「國民社會主義勞働黨」は「瑞典國民社會主義黨」から出發したもので、「瑞典國民社會主義黨」は獸醫ビルゲル・フルガルト博士の指導の下に立ち、フルガルド博士の代理者はスヴェン・オロヴ・リンドホルムであつた。一九三三年の初頭兩者の間に意見の對立を見るに至つた後、リンドホルムは「瑞典國民社會主義黨」から離黨し、フルガルド黨の大多數の黨員を率ゐて「國民社會主義勞働黨」を樹立したのである。而してリンドホルムは瑞典に於ける國民社會主義思想の最も古い闘士の一人である。彼は嘗て一九二六年に成立せる、「瑞典ファショ的闘爭團」に屬してゐたのであるが（これは一九二九年に「國民社會主義人民黨」と改稱した。）、苦學力行の人で元砲兵下士官であり、その極めて卒直明朗なる人となりを以て同志の心服を得てゐる。彼は三十五歳位であるが極めて雄辯で、而も煙草も酒も嗜まない。

「國民社會主義勞働黨」はその綱領によれば、瑞典に於ける國民社會主義運動を勝利に導くことを目標としたのであるが、これについては瑞典國の特異性を十分に考慮してゐる。

主として國の低地の地方に發展しつゝあるその宣傳活動に於て、リンドホルム黨の活動は極めて活潑であるので、マルクス主義者達は專らリンドホルム黨に新聞印刷物戰を向けたのみならず、「國民社會主義勞働黨」の辯士が登壇する所では、常に一人乃至數名のマルクス主義者が反對演說を行つて、之に對抗した程である。本黨は其の成立の最初の年に、既に總計二十二萬人以上の聽衆に五百五十回以上の公開演説會で呼びかけたのであるが、其の翌年には九百回、三十五萬人と増加を示した。瑞典としては、右の數字は極めて多數を意味するものである。一九三四年九月、地方議會のため行はれた選擧に際し、初めてそれに參加したリンドホルム派が、實に九千の投票數を獲得したのである。瑞典の選擧權は、二十四歳乃至二十七歳に至つて初めて得られるのであるが、「國民社會主義勞働黨」に贊成投票せる人々の大部分は比較的若年の人々であつた。其の後間もなく行はれた、マルクス派の牙城グテボルグ Göteborg の市會議員選擧に於て、本黨は二つの議席を獲得する事が出來た。

「國民社會主義勞働黨」は現在約一萬四千名の登錄黨員を擁してゐる。極めて規律正しい親衛隊を有してゐるが、現行の制服着用禁止令に依り褐色のシヤツの着用は禁ぜられてゐる。この外に尚「北歐青年」Nordisk Ungdom と稱する一つの特別な青年團組織があり、これは其の種類や組織に依つて見ると、ドイツのヒットラー青年團に相當する。青色地に黄色の逆卍字が象徴として用ひられ、黨機關紙は週刊の「瑞典國民社會主義者」Den Svenske Nationalsocialisten であつて、これは既に一萬六千五百部を出版した。黨本部は Göteborg 市 Östra Hamngatan 21 である。

二〇、瑞　西

瑞西は民族的に統一のある國家組織をとつてゐないので、全國土を包含するが如き包括的なる國民的奮起の爲の精神的地盤が缺けてゐる。ドイツ民族は略々限界付けられたる獨逸語常用地域に於て、ラテン民族と對立して居住してゐる。ラテン民族は又相互に判然と地域的に區分されて、西部瑞西の佛蘭西語の話される州と、伊太利語の話される南部瑞西とグラウビュンデン州 Graubünden に居住してゐる。彼等は相互に獨立し相異なる言語文化を有しつゝ、別々の生活を營んでゐる。かくの如き國民部分は、彼等の精神の最も深奥に潛める特性を夫々相互に判然と認識しようとし、かくして同時に瑞西聯邦の革新の爲め、個々別々の運動を統一せんと努力してゐるのである。從つて瑞西の國家革新運動が四分五裂し、其等の運動の目標が夫々異つてゐると云ふ事實は、右の如き本質的なる相異によつて惹起されたかゝる困難が原因となつてゐるのである。然しながら總ての人々が、瑞西を共同社會として再建せんとする意志を共に有してゐるから、同胞を相互に分離し、國內の構成分子たる各種民族を分解せんとする一切の要素を、これ等の運動から除去しようと努めてゐるのである。而して從來支配的であつた組織は、政黨政治的痲痺狀態や、政商の結託やら、個人的情實やらによつて、凡そ非愛國的なものとなり果てゝゐたから、それを撤廢して全く新規なるものを以て、之に代ふべきであると云ふ信條に於ては彼等は一致してゐるのである。かゝる團結的態度から瑞西の革新運動は「戰線」Fronten と呼ばれてゐる。少數の個人的集會から發足した最初の運動は、一九一九年の昔に遡り、その正式の設立は一九二五年に遡るのである。さて又支配的なる既成政黨が、全力を盡して擡頭する若き運動に反抗せんとするのは自然の理である。社會主義的或ひはブルジョア的なる日刊新聞によつて、彼等舊政黨は新しきものの脅威に對抗し、猛烈なる鬪爭を開始して居るのである。瑞西に於ける大多數の革新運動は、銘々自分の新聞を所有してゐるが、これ等の新聞が大體週刊さして發行されてゐる事は一考を要する。

1. 瑞西國防團 Schweizer Heimatwehr

「瑞西國防團」は瑞西の獨逸語常用地域に於ける最古の革新運動である。其の設立は既に一九二五年に遡る。

その目標とする所に關しては、一九二六年の規約が回答を與へてゐる。即ちそれには「瑞西國防團は瑞西聯邦憲法に基き、國家的、文化的、社會的並に經濟的なる瑞西人の生活に及ぼす一切の有害なる影響を克服せんとす。」と規定されてゐる。

特に又規約にて禁ずる所は、「ユダャ人、秘密結社及びその援助者等が政治團體、地方行政、法廷、政黨の委員會、政黨派の中にて、又は經濟的、藝術的、人類博愛的並びに社交的會合や企業に入黨又は入會し、發言權を取得し、若しくは指導權を握る事」である。

運動の主たる支持者はベルン Berner 高地の農民中に存する。一九三四年春行はれたるベルン市會の選擧に於て、「瑞西國防團」は政黨として三つの議席を手に入れる事が出來た。同年中に「國防團」は「瑞西ファショ黨」と極めて接近した。この事實は兩者の巨頭、「國防團」の Fiez 中佐と「瑞西ファショ黨」の Fonajllaz 大佐の兩指導者が、ムッソリーニに對する敬意的訪問となつて表はれたのである。然し同年末頃兩黨は著しく意見の對立を見せた。その原因は伊太利のファショの影響が餘りにも增加して行く事實に對して、「國防團」の大多數が反對氣勢を示した事に依るのである。其の爲に Fiez 中佐は黨首として辭意を表明し、「中央統領」なる名稱を以てツン Thun 市の地主 Graber が後繼者となつたが、一九三五年末ベルンの市參事官 Lenzacher-Mülenen と交代し解任された。

一九三五年三月に「瑞西國防團」はその獨立を完全に保ちつゝ、「國民戰線」その他同種の革新運動團體と合流して「瑞西聯邦同盟」を作つた。「國防團」の黨員數は約五千名である。象徵として彼等は瑞西十字を有する鉞を使用してゐる。團の機關紙は週刊雜誌の「國防團」であつて、瑞西の社會的國民的なる思想を有する勞働者、農民並びに市民のための政治的機關である。黨指導部の所在地は Kandertal の Mülenen にある。Kandertal は中央統領の住居のある處である。

2. 瑞西聯邦戰線 Eidgenössische Front

「瑞西聯邦戰線」は一九三一年、チュリッヒ市の辯護士にして陸軍中佐なるウィルヘルム・フリック Wilhelm Frick 博士に依り創設された。其の綱領に依れば、「瑞西聯邦戰線」は進取的なるキリスト教精神に基いてゐるものであり、佛蘭西革命の世界觀を排撃する。同戰線は更に又政黨の支配と、破壞的なるマルキシズム及び唯物論と「墮落せるデモクラシー」に挑戰する。然し「聯邦戰線」では如何なる項目にも人種問題は說かれてゐない。其の指導者は反猶太主義者と看做される事を拒否し、指導者は單に、ユダヤ的精神に反對すると表明するのみである。しかし入黨せんとする者は、如何なる秘密結社にも、フリーメーソン運動にも、將又之と類似の他の組織にも屬する事なく、同時に又他の一切の同樣の組織體に決して入黨せざる事を自己の名譽にかけて宣誓せねばならぬ。「聯邦戰線」は瑞西の重要な政治的地位を獲得する事が出來なかつた。唯月に一回發行を見る同名の新聞を通じて極て狹少なる範圍に宣傳の機會を有するのみである。黨本部の所在地はチュリッヒ市第一區、ステイション街七一番地である。

3. 國粹戰線 Nationale Front

瑞西の革新運動の間にあつて、「國粹戰線」は其の黨員數に於て第一位を占めてゐる。一九三一年に創立され、二年後「新戰線」と合同して「新鬪爭同盟並びに國粹戰線」となつたが、間もなく名稱は「國粹戰線」と變更されたのである。

其の綱領とする根本的なる項目は次の如きものである。一切の政黨の解消、階級闘爭の排撃、マルクス主義的思想體系の根絶であり、本戰線は國家の監督の下に、組合主義的秩序に基く職能代表組織國家の確立を要求し、かゝる國家こそ「單に勞働問題のみならず、又民族協同體內に生活する勞働者の品位と地位の問題でもある所の、社會問題の解決を齎らすものである。」として居る。更に反軍國主義に反對し、無神論と秘密結社特にフリーメーソン運動を攻擊する。更に國民と大學との間の障壁の撤廢を要求し、かくて眞の意味に於ける民族協同體の建設を要求する。又取引所の投機と財產の蓄積とに對して戰線を布き、資本主義的經濟組織に斷乎として宣戰する。「國粹戰線」は卑屈なる奴隸根性からの解放を宣する。この屈從精神こそ、約一世記前瑞西をして佛國精神の下僕、奴隸たらしめたものである。

瑞西に於ける一切の革新運動の內で「國粹戰線」の宣傳は最も活潑である。即ち一九三三年の秋早くもシャフハウゼン Schaffhausen の選擧に於て全投票數の三十%を獲得する事が出來た。其の後引續いて行はれたチュリッヒ市會議員選擧に際しては、第一回目に旣に一二五の議席中十の議席を獲得する事が出來たのである。

チュリッヒの選擧にブルジョワ黨と提携し、其の結果彼等の信條とする反ユダヤ主義が緩和されたために、內部に解體が生じ、其の結果オルテン Olten で行はれた代表者大會にて、加盟者の大部分はゾン

瑞典國粹戰線の黨首ロルフ・ヘンネ

國粹戰線「ハルスト」派の行進。國粹戰線の集會を防衛するものはハルストにて目下制服禁止の爲統一的衣服は着用せず。

瑞典の田舍を進む「國粹戰線」の宣傳行進

一九三五年三月三十一日チューリヒに於ける「國粹戰線大會」

デレグル Sonderegger 師團長とレオンハルト Leonhard 少佐の指導の下に脱退し、新たなる組織體――「國民同盟」――を結成した。この爲に約二千名に及ぶ脱會者を出したが、然し多數の新加入者を得たので、比較的短時日の中に補充された。目下黨員は一萬に達してゐる。

瑞西が州 Gaue と縣 Kantonen に分かれるのと同樣に、「國粹戰線」の組織も細分されて居り、その範圍は縣と全く一致し、最小の構成部分として「細胞組織」Zelle が存する。常に「國粹戰線」の先頭には殆んど無制限の權能を有する指導者が立ち、現在の指導者はロルフ・ヘンネ Rolf Henne 博士であつて、彼は「國粹戰線」の第五代目の指導者である。

元來「國粹戰線」內での親衞兵の編成は斷念されてゐたのであるが、集會の妨碍行爲がいよ／＼頻繁になり、又「國粹戰線」加盟者への襲擊事件が度重なるに至つて、その必要は最早や不可避のものとなつたのである。「前衞」Harsts と稱せらるゝかかる親衞兵の組織分子は、極めて嚴格に訓練され特別な制服を着用してゐる。卽ち彼等は黑ネクタイ付の灰色のシャツを着用(註)してゐる。

註　その後瑞西では政治團體に對して制服着用禁止令が發布された。

親衞兵團の外に十五歲乃至十八歲の青年の爲に、特別の青年團組織「國粹青年團」Nationle Jugend があつて、それの所屬員は「青年戰線派」Jungfrontisten と稱してゐる。

「國粹戰線」所屬員の敬禮は、昔の盟約に使用され鬪の聲「斷乎として戰へ」Haruus である。徽章は長脚の瑞西十字である。機關紙として日刊新聞「戰線」Die Front を出してゐる外、インテリ層の爲に月刊の「國家權力」Die Nationalen Hefte が出版されてゐる。その出版者はチュリッヒの Hans Oehler 博士である。「國粹戰線」本部はチュリッヒ市二丁目テォーディ街六十七番地である。

4. 「國粹戰線」綱領

我等は戰はん――一切の盟友の結束の爲。國土の防衞の爲。瑞西聯邦の名譽と獨立の爲。獨立自由の聯邦制度の爲。宗敎の尊重とキリスト敎的――道德的秩序の爲。國家と人民に對して責任をもつ强力政府の爲。職業團體の爲。各人に勞働と安全とを保證する國家經濟の爲。勞働の權利と、盟友各人の正當なる報酬獲得の爲。不動產稅の輕減のため、積立金萬能主義の禁止と、配當利益金への課稅の爲。直接遺產相續稅の禁止の爲。大慈善會や集會に標準的累進稅を課する爲。小商人、農民手工業者のその勤勞に對する正當なる報酬を得るの權利の爲。生氣潑剌たる青年の精神的肉體的敎育の爲。

我等は排戰せんとする――階級鬪爭に對して、政黨に依る國民の破壞に對して。反軍國主義的言論と方法に對して。動亂煽動者に對して。一切の形式に於ける豫算萬能主義に對して。無神論と秘密結社に對して。フリーメーソン運動と國際ユダヤ主義に對して。議會主義の無責任に對して。マルキシズムに對して。公金の着服と私有財產の蓄積に對して。歸化と外國人移入の濫用に對して。取引所の投機と國際的財政經濟に對して。聯邦の直接稅に對して。必需品に對する課稅に對して。價格統制と百貨店の小賣商人壓迫に對して。獨占とトラストに對して。

5. 瑞西ファシスト黨 Schweizer Faschismus

「瑞西ファシスト黨」は伊太利のファシスト黨政綱を、そのまゝ瑞西の國狀に當てはめんとする運動である。本黨は一九三三年十月に、ローザンヌ出身の Arthur Fonjallaz 大佐の發議に依りて成立せるもので、同氏は從來チュリッヒ市の國立專門學校で戰史を講じてゐた人である。「瑞西ファシスト黨」は階級鬪爭を克服せんとし、又自由主義的世界觀と資本主義とを克服せんとする。本黨は國民をして人民が主權を有するが如き幻影に陷らしめ、且その實權力をして唯少數者に委ねんとする、一切のデモクラシー政治形態に反對する。社會的なる觀點に於ては、勞働者相互の連帶性を主張し又勞働者の權利を擁護せんとする。更にそれは合法的なる方法で、勞働組合的體制を移入せんとし又特別勞働立法を立案せんとする。堅實なる平價法に依り國の貨幣政策に信賴が寄せられねばならぬとし、又信用制度は國の利益に奉仕すべしと規定されてゐる。强力にして軍紀の正しい陸軍、それは内外の敵に對して斷乎として國防の任に當り得る能力のあるものを要求する。本黨は民兵制を採用し發達せしめんとする。又上級の軍事指導官の責任を要求する。「瑞西ファシスト黨」は敎會主義を奉じ、信敎の自由を保證してゐる。而して敎會の諸種の制度、道德的規範並びに祭政一致を尊敬する。最後に、聯邦政府と職能代表委員との提携に依る聯邦制の擁護を主張し、且職能代表的團體に屬する國民委員會制度の設立が目下企圖されてゐる。本黨は一切の秘密結社特にフリーメーソン運動の即時解消を要望する。人種問題に對しては伊太利の先例に追從する。それは周知の如く反ユダヤ主義を奉せず、一切の他國のファシヨ運動と手をとり、勞働と相互扶助の精神に基き、平和の維持を促進せんとする。一九三四年中に「瑞西ファシスト黨」の黨首たるFonjallaz大佐は、「瑞西國防團」の政見に影響を與へんと試みたがそれは幾分成功した。國防團の黨首と一緒にムッソリーニを訪問せる結果、Fonjallaz大佐は彼の指導者としての活動を辭せねばならなかつた。一九三四年末兩黨は互に袂を別つた。本黨の黨員數は約二千五百名であつた。

「瑞西ファシスト黨」の新聞は三種あつて、瑞西のドイツ語常用地方には"Schweizer Faschist"、佛語地方には"Faciste Suisse"、伊太利語を話すテッシン地方には"Il fascista Svizzero"なる新聞がある。其の何れも週刊である。

6. 瑞西ファシスト黨綱領

一、ファシズムには義務ありて權利なし。吾人の使命は國家の爲の不斷の鬪爭にあり。自由は一つの義務なり、國家は個人の自由を擁護す。

二、ファシズムは根本精神たる同胞愛と、公共の福祉に基くデモクラシーの理念を現實せんとする。それは精神の規律を要求する。

三、ファシズムは平和を欲す。されど欺瞞的平和に依りて迷はしめられず。
四、ファシズムは階級闘爭を不倶戴天の仇敵とす。階級闘爭は唯物史觀の產物なり。ファシズムは反社會主義にして又反共產主義なり。
五、ファシズムは主權は人民にありとの幻影に陷らしめ、その實は唯一、二の者が實權を掌握する彼の政治體系に反對する。
六、ファシズムは國民經濟の誤れる解釋に由來する、極端なる自由主義と資本主義を呪咀す。
七、ファシズムは自己の創造的なる能力により、國家の全般的改造を要求す。舊式の選擧法の合目的性を否定す。
八、ファシズムは勞働者相互の連帶性を主張し、勞働者の權利を擁護せんとす。
九、ファシズムは合法的に職能代表的體制を採用し、更に勞働立法の制定を要求す。勞働關係より生ずる一切の紛爭は當該勞働裁判所に屬すべきである。
一〇、ファシズムは國の經濟的事情に準據し、稅制と稅の查定を調整せんとし、且相續稅を全廢せんとす。
一一、ファシズムは堅實なる貨幣法に依りて國の貨幣政策に信賴せしめんとす。信用制度は國の利益に役立つ樣調整さるゝを要す。

一二、ファシズムは强力にして規律嚴格なる軍隊を要求す。軍隊は內外の敵より國を防ぐに足るものなるを要す。之が爲民兵制を採用し之を發展せしめんとす。又上級軍事指揮官の責任を要求す。

一三、ファシズムは新聞の國民の士氣を沮喪せしむる宣傳と無神論の宣傳をなす權利を否定す。

一四、ファシズムはスポーツ團體を後援し、スポーツ關係の一切の發議を歡迎す。

一五、ファシズムは敎會主義を奉じ、信敎の自由を保證し、敎會の諸施設と道德的義務と祭政一致主義とを尊敬す。

一六、ファシズムは國に害毒を流し、社會道德を破壞する異國的非愛國分子を排擊せんとす。

一七、ファシズムは勞働と生產の正當なる報酬を保證し、一切の職業上の危險に對し補償を與へんとす。

一八、ファシズムは、聯邦政府と職業代表委員との提携による聯邦制を採用せんとす。之が爲職業組合團體所屬の國民委員を制定せんとす。

一九、ファシズムは大規模の法人組織に對し、中小商工業者を擁護せんとする。之が爲かゝる組織體に對する國家の統制を要求し、一切の投機企業の監督を要求す。

二〇、ファシズムは農業原料品の合理的なる組織化を要求し、中間商人と思惑賣買の統制とに依り、農業生產物の適當なる賣上を保證する。之が爲農業金融制度を擁護し、特に小規模經營を支援せんとす。

二一、ファシズムは一切の他國のファショ運動と提携し、勞働と相互扶助の精神に基き、平和の維持を促進せんとす。

二二、ファシズムは秘密結社、特にフリーメーソンに對して挑戰し、その解消を要求す。

二三、ファシズムはその隊伍より一切の不純分子を排斥す。

7. 國民同盟 Volksbund

「國民同盟」――瑞西の國民的、社會的革新の爲の鬪爭團體――は一九三三年の十月以來成立してゐる。これは「國粹戰線」に反對の人々に依りて結成されたもので、此等の人々は加盟者の紛爭中、ゾンデレグゲル師團長とレオンハルト少佐の指導の下に結束して退いしたのであつた。「國民同盟」は瑞西聯邦の國威と獨立の爲、純キリスト敎主義に立脚する道義の爲、一切の盟友による堅實にして强力なる民族協同體を結成せんとして戰ひ、そは職能代表制の民族國家の創造、廣汎なる權能と最大の責任能力ある政權の樹立を要求する。その經濟的綱領は取引所思惑の禁止と銀行の國家管理とを要求し、あくことなき資本主義と無統制極まる所謂自由主義經濟に斷乎たる鬪爭を宣言する。農業に關しては、「國民同盟」は土地の投機賣買の禁止と不動產管理並びに農產物の統制とを要求する。更に又價格統制の禁止と百貨店等の制限並びに之に對する課税を要求する。國際的敎義や權力による國家の崩壊を防止する爲に、ユダヤ人は外國人法に服し、フリーメーソン運動とその類似組織とを禁止解消せしめよと主張する。一九三四年の三月に「國民同盟」は二派に分裂した。師團長ゾンデレゲルは多數加盟者と共に退き「國民戰線」を創立した。一年後の一九三一年、建築家テオドール・フィシャー'Theodor Fischer によりて創立されたる「國民社會主義瑞西聯邦同盟」が、レオンハルト少佐の「國民同盟」と合體した。加盟者數は一九三五年末二千名を算し、機關紙は隔週發行の「國民同盟」である。黨本部はバーゼル市フルカー街三三番地である。

8. 「國民同盟」綱領

「瑞西の國民的社會的革新の爲の鬪爭的協同體」たる我等は鬪はん。——一切の盟友より成る堅實にして强力なる民族協同體の爲に階級鬪爭、政黨と資本家團體に依る國民的分裂に反對す。國威の保持と獨立の爲、我等が國民兵に依る防衛の爲、國際的なる敎義と權力に依る國家に對する一切の破壞工作に反對す。全同胞に勤勞とパンとを與へることを第一原則とする經濟機構構成の爲、純キリスト敎主義に立脚せる道義の爲、我等が同胞の最善の力の維持と促進の爲、青年の剛健なる肉體的、人格的敎育の爲、青年勤勞者、農民及び商人の職能的敎育の爲、反宗敎的ボルシエヴィズム的ユダヤ的破壞的並びに精神に反對す。「職能組合制民族國家」建設の爲、廣汎なる權力と最大の責任を有する政府の爲、政黨政治と無責任なる議會主義に反對す。

我等は次の如き事實を認む。――即ち我國の農業は疲弊し、貨幣と爲替制度とは瑞西の手から國際團體の手中に陷ち、かくて國民に日々非常なる害惡が加へられつゝある事。商業は信義誠實とは何等關係なき原則に依り支配せらるゝに至れる事。商業を營む中産階級は價格統制と百貨店及び之に類似の構成體とに依り壓迫せられつゝある事。國民は黨派に四分五裂し、互ひに軋轢と鬪爭をのみ事として、國民同胞間の一切の眞實の了解を不可能ならしめんと努めつゝある事。かゝる理由よりして我等は戰はんとす。抵當利子輕減の爲。土地思惑賣買の禁遏と不動産賣買の統制の爲。抵當の負擔額を收益率と調和順應せしむる爲。農産物の統制と販路の保護及び正當なる價額の爲に、銀行の國家的管理の爲(貸借對照表の正否、公債政策等々)。取引所思惑の禁止の爲。從來無記名の有價證券を、記名式へ變更するといふ意味に於て株主權修正の爲。會社をして法定積立金の積立に、法律的義務を負はせんとする配當利益金への課税の爲。國家間の商取引に於て嚴正に計畫的に相殺取引を斷行する事(計畫的交互計算取引)。能ふ限り國内需要を充足せんが爲の工業再編成への爲。價格統制撤廢の爲。百貨店等々の制限と從つてその課税の爲。有害なる外國資本の過度なる輸入阻止の爲、ユダヤ人をして外國人法に服せしむる爲(ユダヤ人種に屬する者の歸化の禁止)。ある種の政治上の權利を許容する事に依りて、故國と外國在住の瑞西人とを結合せしむる爲。一切の國民同胞の勤勞の權利の爲。被傭者の正當なる勞働條件の爲。青年宿泊所建設の爲に勞力を能ふる限り提供する爲、及び正當なる二重利得を不可能ならしむる爲。——我等は祖國に萬事を捧げん！民族協同體建設の爲。

9. 國民戰線 Volksfront

「國民戰線」は一九三四年三月、有名なる瑞西の師團長ゾンデレグルに依りて創立された。同氏は一九一八年から一九年にかけて、ボルシェヴィズムと內亂から祖國を救ひ、赫々たる勳功を樹てたのである。一九一九年に彼は參謀總長に任せられ、一九二三年迄在職したが彼の數多くの貴重なる戰略に關する手記に依つて、氏は國外にまでその名聲を轟かした。一九三二年から三三年の冬にかけて彼は瑞西の革新運動にのり出し、「國家の安寧秩序」Ordnung im Staat を著はして革新運動の企劃を示した。一九三三年十月迄は「國粹戰線」に所屬したが、次第に「國粹戰線」が最初の政見から餘りにかけ離れたものになり平凡に墮したが爲に、彼は「國粹戰線」の過半數を率ゐて「國民同盟」を創立したのである。それは瑞西の國民的、社會的革新の爲の鬪爭團體となつた。半年後「國民同盟」の二三の指導者と意見の衝突を見るに及んで、彼は退き更に「國民戰線」を樹立し、一九三四年死に至るまで統率してゐた。彼の死後ルッェルンのハンス・ボザールト Hans Bossard がその後繼者となつた。

「國民戰線」の目的とする所は、瑞西聯邦憲法の全部的修正の斷行と、この目的完成後國民的社會的なる政策によつて、瑞西民族協同體の精神的政治的更生を圖らんとするものである。本戰線の加盟者たり得る資格は瑞西公民にして、又そのアーリヤン系人種たる事を證明せる者に限り、且十六歲以上たる事とされてゐる。同時に他黨の黨員たる事、フリーメーソンの如き秘密結社に屬する事、又は民族國家の精神に悖るが如き團體の所屬員たる事は、「國民戰線」加盟者に禁止されてゐる所である。一九三五年三月に本戰線はその完全なる獨立を保持しつゝ他の二三の同樣なる運動と合流して「瑞西聯邦同盟」Eidgenössischen Bund を結成した。加盟者數は約二千名。「國民戰線」旗には昔の瑞西聯邦と同じく赤地に白十字を用ひてゐる。機關紙は週刊の「國民戰線」、本部はルッェルンにある。

10. 「國民戰線」綱領

「國民戰線」は唯一の强力にして幸福なる民族、眞の意味で實踐力のある明朗なる民族協同體たらんと欲する。我々は今日の國家的構成は決して我々に、右の意味での民族協同體を與へず又決して與へ得るものでない事をよく知つてゐる。我等は故に一つの新しき國家形態即ち一つの經濟的にして、社會的又政治的なる國家構成を企畫し、かゝる國家構成をば絕對的に獨自の國民的地盤の上に樹立せんとするものである。從つて一切の外國よりの影響ボルシェヴィキ的、ファシスト的、國民社會主義的影響を同樣に排擊せんとする。我等は民主主義の基礎の上に右の國家構成を遂行せんとする。民主主義の欺瞞的な形式の議會主義ではなく、眞の民主主義精神の上に、「國民戰線」はその新しき國家構成の爲に、眞の民主主義の法律概念により作られた法律の援助を必要とする。故に我等は聯邦憲法の全部的修正のための鬪爭を開始したのである。我等は國家の基礎たり、規範たるべき一つの新たなる聯邦憲法を必要とする。職業團體の基礎の上に樹立され、又公益に一層役立つ如く修正され、勞働階級の負擔を輕減するが如き勞賃經濟の基礎の上に樹立されたる、新しい經濟組織完成の爲に、公益課税に基づく新しい社會的救貧事業の爲に、又議會主義によらざる、眞の民主主義精神に基づく聯邦政府の新しき組織の爲に鬪爭を爲す。

「國民戰線」はこの目的の遂行を阻止せんとする一切のものを克服せんとする。我等は又階級鬪爭を廢止し、民心煽動とマルクス主義的革命とその準備工作とを克服せんとする。我等は共產黨の彈壓を要求する。又國際主義と無神運動とを排撃する。我々は國際的、政治的ユダヤ人運動を克服し、ユダヤ人の歸化禁止を要求する。我等は秘密結社、フリーメーソン、オド・フェロース Odd Fellows 其の他類似の運動を克服せんとし、かゝる結社の彈壓乃至結社加盟者の公吏に任ぜられることを禁遏せんとする。我等は反軍國主義運動を克服せんとし、煽動、敵對、誹謗行爲に對して軍隊を法律的に保護せん事を要求する。「國民戰線」はその政見を提げて一路目的に向つて邁進し、一切の政治的取引、一切の讓歩と思惑を輕蔑する。然し我々はその目的實現のため他黨との協力に吝かなものではない。我々の意圖、努力、行動の一切は擧げて以て瑞西民族の安寧、强大、一致を目指し餘念なからん事を期す。

11. 國粹テッシン地方同盟 Lega Nazionale ticinese

一九三四年の初め、瑞西の革新運動なる「瑞西ファショ黨」からその一部が離黨し、國粹テッシン地方同盟を結成した。本同盟の目的とする所は不羈獨立の瑞西革新運動である。從つて「瑞西ファショ黨」の强調するイタリー・ファシズムを排撃する。其の名稱の示すように本同盟の活動舞臺はテッシン州のみに局限されてゐる。一九三五年三月、本同盟はその完全なる獨立を保持しつゝ「聯邦同盟」と合流した。本同盟機關紙は週刊の「國家觀念」L'Idea Nazionale である。

12. 壽府國民聯合黨 Union Nationale de Genève

西部瑞西地方の革新運動中「壽府國民聯合黨」は指導的地位を占めてゐる。本黨は一九二三年知名なる著作家ジョヂ・オルトラマル George Oltramare に依り創設され瑞西の最も古い革新運動である。本運動の闘爭目標は先づマルキシズムとフリーメーソンとユダヤ人運動とである。十二年間の闘爭に於て「聯合黨」は幾多の流血の犧牲をば捧げねばならなかつたが、殊に一九三二年十一月九日の衝突は特筆すべき重大なる結果を招來した。オルトラマルはこの日ジュネーブでの集會に臨席し聲明を發した。それは二、三のマルクス黨の領袖連と事件の決着をつけるためであつた。これに對しマルクス主義者達は聲明反對に乘出し、其の集會を妨碍せんとした。かくて兩黨は衝突し、事件は著しく擴大したので、警官隊はスイス國防軍の援助を待たねばならなかつた。即ち十三名の死亡者と七十名以上の負傷者とが現場に殘されてゐた。一九三五年三月、その完全なる獨立を保持しつゝオルトラマルは新たに擡頭せる「聯邦同盟」に合流するに至つた。本黨の機關紙は「國民活動」Action Nationale と Le Pilori の二つである。

13. 聯邦同盟 Eidgenössischer Bund

一九三五年三月ベルン市に於て「聯邦同盟」が結成された。それは一群の瑞西革新運動から構成されてゐた。これ等の諸運動を統一すべく提議したものは「瑞西國防團」で、一方この同盟成立の功勞者は「國民戰線」であつた。「聯邦同盟」を結成せる黨派にして、引續きその完全なる獨立を保留したるもの次の如し。「瑞西國防團」、「壽府國民聯合黨」、「國民戰線」及び「フリブール聯邦團體」で、更に後に加はりたるは「Front Valaisan」、「國粹テッシン地方同盟」、「Ligue Vaudoise」、「Ordre National Neuchâtelois」及び「Union Natonale Fribourgeoise」である。「聯邦同盟」指導は目下指導委員會が之に任じてゐるが、この委員會は「國民戰線」、「瑞西國防團」、「壽府國民聯合黨」の指導者から成立してゐる。委員會の事務は主として「國民戰線」派の「ボザールト」Bossard 氏の手で行はれてゐる。九箇の瑞西革新運動の聯合より成る本同盟は約一萬二千名の加盟者を擁してゐる。

二一、西　牙　班

1. 西班國民サンディカリズム突撃黨 Falauge Española de las JONS

一九三三年の初頭、大學教授 Ledesma Ramos は一群の同志を率ゐてファショ黨「Juntas de Ofensiva Nacional-Sindicalista (JONS)」を結成した。その綱領は議會制度の撤廢と强力政府の樹立とを目標としてゐる。而して右の强力政府は、黨の親衛隊及び國民の道義的、物質的支持を基礎として樹立さるべきものとしてゐる。その目標とする所はマルクス主義黨派の解消殲滅、階級闘爭思想の驅除と背任的方法を以て、國民の團結を破らんとする一切の政治家の嚴罰、平和論者とフリーメーソンに對する宣戰の布告、及び國民生活の重要性に鑑み、教會僧侶を國民の下位に置かんとするにあり。最上の政治的地位を占むる政治家は四十五歳以下のスペイン人に非ざれば資格なきものとする方針である。更に本黨の政見は國民を喰物にし、且國民の知らざるを奇貨として思惑を行ふ一切の人を罰せんとする。國家形態の問題は目下焦眉のものとは看做されずして放任されてゐる。又本黨はカトリック黨と見られる事を拒否する。それは教會の政治的訓練を是認せざるためである。しかし一方に於ては反教會主義運動は斷乎として排撃してゐる。本運動の組織は各地方支部に分れてゐる。各支部代表者は一緒になつて地方委員會を構成してゐる。各支部の地方委員會代表は州委員會を構成し、その代表は更に國家委員會を構成する。國家委員會の音頭をとるものは「中央執政官」である。この地位は本運動の最高の權力である。一九三四年の二月に JONS 運動は同樣に純ファショ的政見を有する組織體「Falange Española」と合流して、「Falange Española de las JONS」となつた。十八ヶ條から成る本黨の政見は、その組織的機構と同樣に「Falange Española de las JONS」に依り繼承された。

F・E黨、それは「Falange Española」黨の略稱であるが、その設立は一九三三年十月マドリッドの一劇場で行はれたのである。この新運動の目標と意圖とは、本黨の中心指導者たるプリモ・デ・リヴェラ Primo de Rivera により滿場の喝采裡に聲明された。曰く「我等が希望する所は、今日の運動とこの運動が創造せんとする國家とが、祖國と名付けらるゝ一つの絶對的にして永久的、且又改廢すべからざる統一體成立の爲の、實踐的にして中心的なる機關たらん事是れなり」と。尙又「我等は欲す。――如何に異れるものと雖も西班牙に屬する一切の人々は、相互に共通にして改廢すべからざる一つの運命に依りて、調和的に結合されたるものなる事を同感せん事を。政黨政派の解消（其の理由は政黨なるものは、我等を不自然にして人工的なる黨派に分割せしむるが故なり）を。自由主義的なる贅言を弄せず人間の精神的自由を尊敬する事。一切の人々が公明正大にして獨立自尊せる協同體の一員としての自覺を喚起し、この協同體內にては厚遇もなく脅威もなき事を。政治的には、協同體に屬する一切の者が、その勤勞に依りて人間たるに相應せる正當なる生活を爲し得べき事を。我等の歷史

プリモ・デ・リヴェラ

マドリッドの市街示威行進の先頭に立てるプリモ・デ・リヴェラ

黨大會にて演說するプリモ、デ・リヴエラ

マドリッドの私設飛行場に於ける秘密集合に出席せる衛兵隊に演說するプリモ・デ・リヴエラ黨首（前面左方）。

の最も偉大なる時代を開く鍵としての宗教的精神が尊敬せられ、促進せらるゝ事を。西班牙が一致して、その文化と歴史の世界的意義を復活する事を。更に又、而して最後に强力の前にもたじろがず邁進せん事を。」

さて合同せるプリモ・デ・リヴェラの統率する兩ファショ黨の勢力が増大するにつれて、マルクス主義黨派側よりのテロ行爲も亦數を增した。即ち一九三四年二月十六日には最初の犧牲者を献せねばならなかつた。一大學生がマドリッドの路上で黨新聞を賣はうとする瞬間に襲擊され、數發の彈丸を受けて倒された。爾來本運動の流血の犧牲は極めて多大に上つた。

本黨の獲得せる黨員數は約五萬乃至六萬と見積られ、正確なる計數は黨本部の祕する所となつてゐる。機關紙としては二つの週刊紙「前進」Arriba と「束」Haz とがあり、屢々差押へられたり、又反對黨の襲擊を受けたりしてゐるのである。本黨の本部はマドリッド市 Cuesta de Santo Domingo 3 にある。

2. 西班牙國民サンディカリズム突擊黨綱領

西班牙國民サンディカリズム突擊黨は次の如く要求する。

一、一致團結せる西班牙國家。

二、一切を祖國の目的に絕對的に例外無しに服從せしむること。

三、我等が種族の宗教的なる傳統の尊重。
四、帝國主義的擴張と强力國家外交。
五、議會の代りに、黨の親衛隊と國民の道義的物質的支援に依る一つの强力政府の樹立。
六、合理的にして實踐的なる行政。
七、マルクス主義黨の解消と根絕。
八、黨の直接行動。
九、西班牙勞働組合の精神に基ける强制シンディケートへ、一切の生産者を編入すること。
一〇、國家的目的へ「富」を服從せしむること。換言すれば富は國家と國民に奉仕すべきこと。
一一、經濟團體とシンディケートとは國家の特別の保護に依る公的機構たるべきこと。
一二、國家は一切の西班牙勞働者に、勤勞と食糧の權利を保證すること。
一三、從來よりも大規模なる公共團體と家庭とに依る土地耕作の實行。
一四、大衆の間に西班牙的文化の宣傳をなすこと。
一五、一切の異國的影響を徹底的に研究し、これを根本的に排除すること。
一六、國民を喰物にし、國民の無智を奇貨として思惑をなす一切の者の嚴罰。
一七、賣國的行爲を以て、國家の崩壞を計らんとする一切の政治家を極刑に處すること。

反對黨に依り暗殺されたる戰友を墓地に送るファシスト黨所屬員。

F・E黨員マドリッド市の社會主義者本部に潜入する事に成功す。
建物の上部に「ファシズム萬歳」と示せる黨旗を揭げたり。

西班牙ファシスト黨のビラ。曰く「スペイン人よ目覺よ！スペイン人よ前進せよ！」と。

一八、最上の責任ある政治的地位は、四十五歳以下のスペイン人に委ねらるべきこと。西班牙人よ！本綱領の擁護貫徹の爲團結せよ！ＪＯＮＳ運動の黨規に參加せよ！

中央執政官

註　右述せる JONS 黨の綱領は、一九三四年二月同樣にファシズムを奉ずる「Falange Española」黨と合流して後も新黨「Falange Española de las JONS」に依りそのまゝ繼承されたものである。

二二、洪　牙　利

1. 洪牙利國民社會主義黨 Magyar Nemzeti szocialista Párt（MNSzP.）

一九三二年初頭 Zoltán Böszörmény は「國民社會主義洪牙利勞働黨」を創設し、以て逆卍字の旗の下に民族的意識あり、國家的、社會的に改造さたたる洪牙利國建設の爲の鬪爭を開始せんとした。黨員は主として學生層から呼び集められた。組織の外廓が略々完成した一九三二年三月、黨は始めて宣傳工作に乘り出したのである。極めて多數のビラが貼付され、それには逆卍字がつけられ、洪牙利の大衆はこの青年運動に目を向けたのである。其の後間もなく國會議員の Zoltán Meskó が本黨に加擔し、同年七月議會に於て褐色のシャツを着用し、「國民社會主義洪牙利勞働黨」の綱領を讀み上げたのである。かくして彼は國會に於ける洪牙利國民社會主義の代表者となつたのである。

それから二、三ヶ月後、本黨は分裂のうき目を見た。黨の指導者に關する論議の結果、Meskó は黨の大多數を率ゐて Böszörmény から離れ、「洪牙利國民社會主義勞農黨」なる名稱の新黨を創設したのである。それから間もなく從來 Böszörmény の許に殘留してゐた Debretzin 州は、その州指導者たる Wilhelm Szedlar の統率の下に、同樣に獨立した。その黨派は「國民社會主義洪牙利勞働黨」と稱した。この三個のナチス黨はいづれも猛烈にその宣傳工作を續行し、かくして彼等の立場は各々有利になり、此等三黨の首領の勢力範圍は各特定の地方に分立する事になつた。即ち Böszörmény は特に南ハンガリーの村落市街地及びブダペストの附近に働きかけた。之に反して Meskó はブダペスト市中に集結し、彼に合流せる Fidél Palffy 伯は Moson、Györ に對して集中的に工作した。Wilhelm Szedlar の勢力範圍はデブレチン州とその附近で、即ち洪牙利東部であつたが、次第に Meskó 黨に青年團と大學生團が參加し始めた爲に、間もなく Meskó 黨の黨員數は他の二黨を遙に凌駕するに至つたのである。

然しながら一九三三年の秋、嘗つて陸軍大臣にして政府黨の國會議員たりし Alexander Festetics 伯が、議會にて耳目を聳動せしむる樣な大演說を行ひ、その際「洪牙利國民の救濟は唯一の運動による外はない。その運動と云ふのは、國家的精神に基く國民の社會的重要性を强調する所のものだ」と喝破して以來、洪牙利のナチス運動には一新紀元が劃された。この時以來 Festetics 伯は Zoltán Meskó のナチス黨に積極的に乘出す事になつたのである。暫時の黨員生活の後、彼は指導本部に招せられたのであるが、それには旣に Zoltán Meskó も Fidél Palffy も參加してゐたのである。

やがて一つの黨が長期に亘り、三人もの指導者を持つ事は不可能にして、黨を責任を以て指導する事は、一人の手に委ねらるべきであるといふことが益々强く感ぜられて來た。かくして一九三四年六月の初、Festetics 伯の發議により三頭政治を解消し、黨本部を Dég に置く「洪牙利國民社會主義黨」

を創設した。

尚殘在してゐた Böszörmény派 の少數地方黨及び Wilhelm Szedlar の統率する「國民社會主義洪牙利勞働黨」とは Festetics 伯の本黨に合流した。又 Zoltán Meskó は合體なれる洪牙利のナチス運動に身を投じて、黨機關紙の主筆の役を買つたのである。一切の地域で黨の諸施設を保護する爲に突擊隊が編成され、宣傳と黨員募集とが小村落の隅々まで行はれたのである。

「洪牙利國民社會主義黨」の大活動と黨員の大量獲得とは、官邊に著しい不安を惹起した。即ち一九三四年末、最初の彈壓令が其の筋から發せられ、出來たばかりの突擊隊は解消され、黨首 Festetics 伯創設の新聞 Mezöföld (この名稱は洪國の一地方の名稱) は永久に發禁處分となつた。それから間もなく黨に對して集合と演說會の禁止が嚴達された。かくて本運動は個人的宣傳に依る獲得方法を採るより外仕方がなくなつた。

遂には黨の象徵としての逆卍字旗の使用も禁止せられ、爲めに Festetics 伯は洪國のナチス運動の新しい象徵として、古代洪牙利の矢十字を採用した。

洪牙利ナチス運動の綱領は二十六ヶ條から成つてゐる。其の中心綱領は無窮の大洪牙利國建設であり、ヴェルサイユ平和條約の修正と國際生活上の匈牙利の完全なる平等待遇である。國王に關する問題は內政外政上の理由からして、實現不能と宣言され、それ故に論議す可らずと看做されてゐる。人種

（上）　アレキサンダー・フェステテイックス伯。國會議員にして既に十八萬五千人以上の黨員を有する洪牙利國民社會主義黨指導者。
（下）「洪牙利國民社會主義勞農黨」の創立者にして、指導者たるゾルタン・メスコ。「國民社會主義諸黨の統一後フェステテイックス伯に屬し黨機關紙 Nemzet Szava” の主筆となる。

洪牙利ナチス運動の指導者フエステテイックス伯の演説。

一九三四年秋ゼラ縣に於ける洪牙利矢十字運動の政治指導者の行進。

問題に關しては第六條に次の如く規定されてゐる。「完全なる權利を有する臣民はそのアーリヤン系なる事を證明し、且その忠誠の情顯著なるものに限る」と。この條文の補完として第九條は一八八〇年以後に渡來せる、完全なる權利を有せざる臣民（この中にはユダヤ人も包含する）の即時國外追放を要求し、「定住權を有する者は今後完全なる臣民權ある者に限る」と規定してゐる。本黨は更に秘密選擧の採用と政黨の横暴を認むる議會主義の徹廢、及び瀆職の根絶並びに二重利得の防遏とを要求する。經濟的方面に於ては信用組合の即時解消と、一切の鑛山、鐵道並にこれと類似の企業の國營を要求する。最後の項目は日常生活の一切の方面に於て公益が私益に先んずる事を要求する。

洪牙利ナチス黨は組織的に見て十二の州 Gaue に分れてゐる。州は更に上級縣 Oberkreis、縣 kreis、地方班 Ortsgruppen、班 Gruppen、細胞 Zellen、及び組 Block に細分されてゐる。登錄黨員數は一九三五年末に於て約十八萬五千。これと並んで青年團があり、それは「ICs」と稱して、五萬の黨員を有してゐる。「ICs」の指導者は Béla Hegedüs である。

制服としては綠色のシャツを着用し、彼等を右手をさしのべて挨拶する。而して「勇氣」Bátorság と叫ぶ。

一九三五年四月の初頃行はれた國會選擧に當り、Festetics 伯の率ゐる「國民社會主義黨」は數個の選擧區で立候補したにすぎなかつたが、二つの議席を獲得した。この投票の成績に就ては黨員の大多數が規定の選擧年齢に達せず、又洪牙利に於ては公開の（秘密ではない）選擧が行はれてゐるといふことを考慮しなければならぬ。

黨機關紙は週刊の「國民の聲」Nemzet Szavaと、月刊の「勇氣」Bátorságである。黨本部はDégにある。

2. 洪牙利國民社會主義黨綱領

一、國王問題は内政的にも外政的にも、實現不可能の問題であり、かるが故に又論議す可らざる問題である。

二、我々は無窮の大洪牙利國再建設とヴェルサイユ平和條約の修正を要求する。

三、我々は外國に居住する洪牙利人の國家的、文化的重要性に對して國家が絶へず配慮する事を要求する。

四、我々は國際生活上、我が國家の完全なる平等權を要求する。

五、我々は我國の過剩人口の爲の移民地を要求する。

六、完全なる權利を有する臣民は、其のアーリヤン人種たる事を證明する事が出來、且その國家に對する忠誠の念が決して疑はしからぬものに限る。

七、我々は秘密選擧の採用、並びに政黨の支配を基礎とせる議會主義の徹廢と、それに代るに職業別代表制度を以てする事を要求する。

「洪牙利國民社會主義黨」のビラ
上は一九一九年洪牙利に於ける共産主義の支配を示す。
下は一九三四年に於けるユダヤ人の經濟界支配を示す。右側下部に書かれたる文字は飜譯すると次の如くになる。「諸君は何れを欲するや？」「洪牙利の矢十字運動は之に向つて挑戰せんとする！」。

一九三五年十一月三日エニングに於ける洪牙利矢十字運動の大會。左方は指導者アレキサンダー・フエステテイックス伯。左方の標語は「一人の神、一の祖國、一の政黨、一人の指導者！」

Veszprém縣の農民會合に於けるフエステテイツクス伯

八、我々は瀆職の撲滅と二重利得の防遏とを要求する。更に又我々は政治上に於ける官僚主義の根絶と、薄給の官吏及び小學校訓導の生活標準の樹立を要求する。

九、我々は國家の一切の人民に對する生活の保證を要求する。一八八〇年以後に國內へ渡來せる、完全なる權利を有せざる人民（ユダヤ人を指す）は即時追放さるべきである。將來國內定住權を得る資格のある者は完全なる人民たる者に限る。

一〇、我々は刑法並びに新聞紙法の徹底的改革と、あらゆる種類の賣國的行爲の嚴罰、猥褻文學の根絶及び新聞の名譽毀損に對して、個人の名譽を、從來よりも一層よく保護する事を要求する。

一一、一切の人民は、新國家の建設に協力する事を第一の義務と心得ふべきである。一般的勞働奉仕義務制を採用する權利が國家に認めらるべきである。

一二、完全なる權利を有する洪牙利人民のみ不動產を所有する事を得る。

一三、我々は一切の戰時利得の即時沒收と、世界不況時代に蓄積されたる一切の財產の七割五分の課稅をば要求し、不誠實な方法で獲得した一切の財產並びに不勞所得の沒收とを要求する。

一四、我々は土地の正當なる分配を可能ならしめ、かくして農業勞働者の定住を可能ならしむるが如き法律をば要求する。

一五、我々は短期負債の五割の輕減を要求する。更に又我々は未拂ひ利子の完全なる支拂中止と、勞働者療養資金の未拂利子抹殺とを要求する。
一六、我々は家族の相續する不動産の法律的整理と、その不動産に附帶せる債務の免除とを要求する。
一七、我々は農業の計畫的經營、農產物賣買の統制並びに農業に從事する人々の永續的なる効果的訓練とを要求する。
一八、我々は農業並びに商工業に於ける利益代表制の組織を要求する。昔の徒弟制度へ職業を依存せしめる事を豫定する。我々は勞働と資本とを平等視する事を要求する。
一九、我々は一切の仕事に携はる者は正當なる報酬を受くる事を要求する。勞働時間と解雇等の決定は、當該事業利益代表者の手によつてなさるべき事を要求する。
二〇、我々は勞働保險制度の計畫的組織を要求する。
二一、我々は一切の信用組合の即時解消と、鑛山、鐵道其の他類似の事業は國營とする事を要求する。
二二、我々は勞働者の收入は企業家の收入に相應する事を要求する。
二三、我々は利子奴隸の打破と、銀行及び全信用制度の國營、並びに貯蓄銀行が國立銀行に編入せらるゝが如き一つの組織の創設を要求する。金本位制度を國家が絕對的に維持する事は、國家の利益が從來とは異つたものを必要とする秋に於ては、最早固執される必要はない。

二四、我々は全國民保健制度の新組織と、絕對禁酒及び性病の根絕とを要求する。

二五、我々は國民教育と授業方法の根本的變更を要求する。我々が達せんとする目的は、陶冶されたる人格、實際に役立つ知識を具へ、且國家思想を有する子孫を教育するにあり。

二六、我々は國民生活並ひに社會生活に於て、キリスト教的世界觀が支配する事を要求する。我々はキリスト教的信條の下に於ける平和を要求し、併せてキリスト教的信條の諸種の權利の保護を要求する。我々は日常生活の一切の方面に於て、公益は私益に先んずる事を要求する。

解題　ヴェルナー・ハース『欧州各国に於ける国家革新運動』

佐藤卓己

本書はWerner Haas, *Europa will leben; Die nationalen Erneuerungsbewegungen in Wort und Bild. Mit einem Geleitwort von Edmund Marhefka.* Batschari Verlag. Berlin, 1936. を内閣情報部が一九三九年三月に「防共調査上の参考として」翻訳配布した「情報宣伝研究資料　第十輯」の復刻である。原著は、人名・事項索引付き全三七八頁の布張りB5サイズである。ウェブ上の古書店データでは、極彩色の表紙カバー（装幀家はWoldemar Kohlund）を付した普及版（民衆版Volksaufgabe）も刊行されている。

著者のヴェルナー・ハースについて経歴、著作などの詳細は不明である。序文を寄せたエドムント・マルヘフカ博士は第一次世界大戦後、一九一八・一九年にドイツ休戦講和委員会委員をつとめた国際法専門家であり、ワイマール共和国時代には休戦交渉の資料集を編纂している（*Der Waffenstillstand 1918–1919: Das Dokumentenmaterial der Waffenstillstandsverhandlungen von Compiègne, Spa, Trier und Brüssel. Notenwechsel, Verhandlungsprotokolle, Verträge, Gesamttätigkeitsbericht.* 3 Bände, Berlin 1928.）。戦後の主要著作として、*Die Herren dieser Welt und das Problem der Macht: Ein Staaten und Regentenspiegel,* Maximilian-Druck und Verlag, Berlin 1958. がある。同書では「国連の総会と諸機関の参加者に」献辞を寄せている。

本書の原タイトルをあえて刊行当時のドイツ、「第三帝国」の語感を込めて直訳するとすれば、『ヨーロッパは生存を欲する！　言葉と写真で読み解く国民再生運動』ともなるだろうか。ドイツ、イタリアに続いて、アルファベット順にベルギー、ブルガリア、デンマーク、イギリス、エストニア、フィンランド、フランス、アイルランド、リトアニア、ヒリテンシュタイン、ルクセンブルク、オランダ、ノルウェー、ポーランド、ポルトガル、ルーマニア、スウェーデン、スイス、スペイン、ハンガリー（ドイツ語でUngarn）の全二二ヶ国の「国民再生運動」（die nationalen Erneuerungsbewegungen）について指導者、シンボル、機関紙、綱領が紹介されている。副題に「言葉と写真で読み解く」とあるように、各党の綱領は原語とドイツ語訳が並記され、その記章や機関紙などの写真も丹念に収集されており、資料集としての価値は高い。巻頭の「記章」一覧は原本で各国政党の説明文中に組み込まれていた図版を内閣情報部でまとめたものだが、原語の綱領と機関紙の写真、人名・事項索引がこの訳本では省略されていた。今回の復刻に際しては、メディア史研究で貴重な機関紙の図版をすべて再録し、原本にある索引を訳書に対応させる形で収載した。

当然ながら本書の内容は第三帝国のドイツ人の目線で編纂されており、各国ファシズム運動のユダヤ人問題への対応や王室や教会などとの関係が詳しく紹介されている。マルヘフカは「序」において、各国の国民再生運動に共通の出発点として、「階級闘争と無神論とから来る生物的、心理的な破壊の原動力と闘う点」、すなわち「ボルジェヴィズムの非人道と害悪とを阻止する為に、健全なる自然の力を集める」歴史的使命を挙げている。その上で、ドイツ・ナチズムの特質として排他性を認め、イタリア・ファシズムの開放性との違いを次のように指摘している。

> 国民社会主義の本質には排他主義がある。則ち自国民の本流に属する国民のみを擁して、之を人種的に純粋な国民固有の団結にまで高めんとするものであり。従つて国籍と人種を異にする要素を排し、か、

る要素を同化し吸収する異を拒んで居る。（中略）国民社会主義は自国民のみを対象とする国民の心理的武装である。ナチスは他国民が同様な武装をすることに関し、例へば軍備を有する諸国家が、他国家の同様の軍備を有する事に関心を有する程度にしか関心を持たない。（中略）寧ろ諸国が同等の機能を得、同様に健全な強さを持つ事が、永続的な平和と健全な文化的経済的競争を実現し得る最良の条件と見て居る。

ファシズム、少くとも伊太利のそれにあつては、国民社会主義の排他主義に対して寧ろ開放的な傾向をさへ有し、従つて人種主義は当面の問題になつてゐない。（本書・二一一―二一二頁）

こうした編纂者側の立ち位置や翻訳した内閣情報部の意図を考えれば、本書が客観的な学術文献でないことは自明である。歴史研究としてヨーロッパ諸国のファシズム運動を学ぶためには、Ernst Nolte, *Die faschistischen Bewegungen: Die Krise des liberalen Systems und die Entwicklung der Faschismen*, München 1966（エルンスト・ノルテ、ドイツ現代史研究会訳『ファシズムの時代――ヨーロッパ諸国のファシズム運動1919–1945』上下、福村出版・一九七二年）が今日なお有用であり、邦訳はないがArnd Bauernkämper, *Der Faschismus in Europa 1918-1945*, Reclams Universal-Bibliothek 2006. も存在する。特に、ノルテ『ファシズムの時代』下巻の第二部「各国のファシズム運動」は必読文献である。こうした比較ファシズム研究の必要性については、亡命ユダヤ人歴史家ジョージ・L・モッセが「ファシズム革命の本質に接近しようと思うならば、それをヨーロッパ規模で分析しなければならない」ことをノルテの原著刊行の一九六六年に提唱している（George L. Mosse, The Genesis of Fascism, in: *Journal of Contemporary History*, Vol.1. 1966, p.14.）。「国際ファシズム」は戦後の冷戦体制の下で、無意識に回避され、あるいは意識的に隠蔽された問題領域であった。反ファシズム体制（枢軸国）を旗印にした連合国（戦勝国）にとっても、自国内のファシストの存在は正史上の汚点と考えられたたし、その存在を強調することはファシズムの犯罪性を相対化するとして警戒されたからである。実際、国際ファシズム研究はその後も注目されてきたとは言えない。「ファシズム百科事典」とも評されたノルテの前掲書も長らく品切れ状態が続いている。今日、ノルテの名前は、一九八九年年六月六日付『フランクフルター・アルゲマイネ』に発表された「過ぎ去ろうとしない過去」**Die Vergangenheit, die nicht vergehen will.** の筆者として多くの人々に記憶されている。その論考でノルテはナチズムとボルシェビズムの大量殺戮を比較して論じていたが、それは「最終的解決の比較不可能性」を主張するユルゲン・ハーバーマスから厳しく批判されることになった。つまり、ノルテの名前は「ドイツ歴史家論争」の「敵役」として知られている（ハーバーマス／ノルテ他・徳永恂訳『過ぎ去ろうとしない過去──ナチズムとドイツ歴史家論争』人文書院・一九九五年を参照）。ただし、ファシズムを比較において考察しようとする姿勢でノルテは一貫しており、それ自体は歴史家として当然の主張である。『ファシズムの時代』においても、ナチ党とルーマニア鉄衛団のユダヤ人虐殺を比較した次のような文章がある。「ドイツ歴史家論争」の一九八〇年代なら問題視しされた表現だろう。

　ブカレスト暴動〔一九四一年〕のときには、二、三の報告によれば、多数のユダヤ人が屠殺場で、肉をかける鉤に吊り下げられたといわれており、鉄衛団の支配下では、ルーマニアのユダヤ人が、東部のガス室に送られるよりもいっそういとわしい、少なくともいっそう残忍な、運命に見舞われたであろうことは、ほとんど疑いの余地はない。（『ファシズムの時代』三六七─三六八頁）

ノルテは「東部のガス室」を東ヨーロッパの野蛮なポグロムと比較していた。だが、ノルテは同時代の各国の全体主義を比較することは可能かつ必要とする一方で、ファシズムの時代規定性、すなわち戦間期の特殊性を歴史家として強調していた。それゆえ、この段階では第二次大戦を挟んだファシズムの連続性まで視野に入れているわけではない。そうした戦後との連続性の視点を強調している研究としては、ワルター・ラカー（柴田敬二訳）『ファシズム――昨日・今日・明日』（刀水書房・一九九七年）やロバート・パクストン（瀬戸岡紘訳）『ファシズムの解剖学』（桜井書店・二〇〇九年）などがある。また、南北アメリカ大陸にまで視野を広げた概説書としては長谷川公昭『世界ファシスト列伝』（中公新書ラクレ・二〇〇四年）が便利である。確かに、こうした国際ファシズム研究は存在するにはするのだが、残念ながらノルテの翻訳書も長谷川の新書も品切れ状態が続いている。

こうした歴史書に対して、本書はドイツ第三帝国側から見た欧州各国のファシズム運動の政治レポートであり、それを翻訳した日本の内閣情報部にとっては原著刊行の一九三六年末に締結された日独防共協定の参考図書だったと言えるだろう。実際、内閣情報部が本書と同時に刊行した「情報宣伝研究資料　第八輯・第九輯」はアドルフ・エールト編『列国における共産主義運動』上・下である。この「共産主義運動」レポートは㊙扱いの内部資料だが、「国民再生運動」を紹介した本書は広く読まれることが期待されていた。内閣情報部はこの「国民再生運動」と似た文脈で推進された「国民精神総動員運動」の主務官庁であり、この国策動員運動の延長上に一九四〇年の大政翼賛会発足を見ることも可能である。

右記のような政治的バイアスのある「古文書」をいま復刻する理由は、少なくとも二つあるだろう。第一は新たに台頭するヨーロッパのナショナリズムを冷静に分析するための歴史的視座を確保するためであり、第二に戦前の日本人がヨーロッパ情勢を見誤った失敗を反省するためである。

新しい「ファシズムの時代」？

周知の通り、ヨーロッパにおける排外主義的ナショナリズムは、ここ数年急速な勢いで再興してきた。ファシズムの時代規定性を主張したノルテの議論に典型的だが、二〇世紀前半にファシズムを体験したヨーロッパでは「民族」「人種」を掲げるナショナリズムの再来は困難だと考えられてきた。実際、ファシズム体制が招来した第二次世界大戦への反省を踏まえて、ＥＵ（欧州連合）が成立したことは確かである。もちろん「ネオナチ」「極右」と呼ばれる政治勢力は戦後のヨーロッパ各国に存在したが、二〇世紀中は政治的なマイノリティにとどまっていた。しかし、二一世紀に入って、特にイラク戦争・シリア内戦により大量なイスラム難民が流入したことで、移民排斥を唱えるナショナリズムが今日大衆的な広がりを見せている。

そうした排外的ポピュリズム現象は二〇一六年六月二三日の国民投票でＥＵ離脱を決定したイギリスの「ブレグジット」にも、二〇一七年一月の大統領就任直後にイスラム圏七か国出身者の入国を禁止したドナルド・トランプの「アメリカ・ファースト」にも読み取ることは可能だろう。またイスラム難民の受け入れに反対する右翼ポピュリズムでは、ドイツの「ペギーダ」（西洋のイスラム化に反対する欧州愛国者：PEGIDA = Patriotische Europäer gegen die Islamisierung des Abendlandes）運動や二〇一三年結成の右派政党「ドイツのための選択肢」（AfD = Alternative für Deutschland）の躍進が日本でも詳しく報道されてきた。もちろん、ヒトラー生誕地であるオーストリアでは、「ドイツのための選択肢」とも連携するオーストリア自由党（FPÖ = Freiheitliche Partei Österreichs）が二〇一五年以降は地方政府で連立与党となっている。その党首ノルベルト・ホーファーは二〇一六年大統領選挙では僅差で敗れたものの、ＥＵ離脱の国民投票実施を唱えて人気を博している。また、ファシズム発祥の地、イタリアでも反グローバリズムの「五つ星運動」

(Movimento 5 Stelle) や移民反対を主張する「北部同盟」(Lega Nord) の躍進が続いている。本稿執筆中の二〇一七年三月一五日に投票されたオランダ下院選挙でも反EU、イスラム移民排斥を掲げる自由党（PVV = Partij voor de Vrijheid) が第二党に躍進した。「オランダのトランプ」とも評されるウィルダース党首は、「われわれはイタリアのムッソリーニのようにはならない」と述べているが、その発言自体が世間の自由党評価を示している。いまやオランダ自由党と同様に、反移民、EU離脱を掲げる極右ポピュリスト政党は欧州各国で確認できる。二〇一七年五月には「国民戦線」(FN = Front National) のマリーヌ・ル・ペン党首が挑戦するフランス大統領選挙があり、同九月のドイツ連邦議会選挙の行方も予断を許さない状況となっている。

こうした排外主義的ナショナリズムの昂揚は、いやおうなく私たちに一九三〇年代の「ファシズムの時代」を想起させる。ここにおいて、右記の主要国ばかりでなく、東欧、北欧、南欧など幅広く、さまざまなファシズム運動を「言葉と写真で読み解いた」本書はやはり貴重な資料といえるだろう。とはいえ、本書の記述は刊行された一九三六年で終わっており、第三帝国が欧州大陸を制圧した第二次大戦中の展開などは知ることができない。その末路についても、前掲のノルテやバウエンケンパーの著作で確認していただければ幸いである。

戦前日本のファシズム理解

本書を復刻する二番目の意義は、一九三〇年代にドイツ・イタリアの枢軸国と同盟を結んだ日本人の欧州認識を反省的に振り返る素材とすることにある。先述の通り、本書は内閣情報部が一九三八年二月から一九四〇年八月にかけてとして刊行した「情報宣伝研究資料」全一五輯の一冊である。それ以前にも欧州主要国のファシズム運動を紹介した資料としては、文部省思想局編『伊独英仏に於ける国民主義運動』（思想調査資料特輯・一九三五年）がある。ただし、「学校及び社会教育団体に於ける思想上の指導監督に関し参考となるべき」資料として刊行された同書は、「国民主義運動」に対して警戒的である。また、英仏で扱われているのも「英国ファシスト同盟」と「アクション・フレンセーズ」のみであり、本書のように広汎な地域と多くの団体・組織を扱っていない。

本書刊行の翌年、日本は一九四〇年九月二七日にドイツ、イタリアと三国軍事同盟を締結している。アメリカはこれを「ファシスト枢軸」の成立と見なし、ここに翌四一年の日米開戦を不可避とする状況が現出した。こうした重要な時期に、日本の政府中枢、特に思想戦担当者に読まれた資料が本書なのである。

当時の日本社会が戦時体制であったとしてもファシズム体制と呼べるかどうかについては、否定的見解も多い。伊藤隆が「昭和政治史研究の一視角」『思想』一九七六年六月号（『昭和期の政治』山川出版社・一九八三年所収）で展開した主張がよく知られている。伊藤は日本共産党の善悪（友敵）の価値判断が入った「ファシズム」概念を歴史の分析用語とすることの問題点を指摘し、同時代に使われていた「革新」や「現状維持」の用語を使って戦時体制を分析することを提唱している。つまり、「天皇制ファシズム」論者は、ファシズムを「疑似革命」や「反共」という枠組に無理やり押し込めようとするため、旧体制の「革新」を唱えた社会主義者が戦時体制に邁進した内在的論理を合理的に説明できないというのである。だとすれば、『欧州各国に於ける国家**革新**運動』のタイトルで一九三九年に翻訳刊行された本書も、伊藤の「革新」派論の有効性を補強する素材となるのかもしれない。他方で、本書で紹介された欧州の「国家革新運動」の多くが、後に日独伊三国軍事同盟に合流している。一九四〇年一一月にハンガリー、ルーマニア、スロバキアが、一九四一年三月にはブルガリア、六月にはクロアチア、一二月にはデンマークが加盟している。これを「ファシスト・インターナショナル」と呼ぶべきかどうかはともかく、当時の日本人が国際ファシズムをどう理解していたかは興味深い論点である。ノルテは前掲書において、国際的視野での「ファシズム」を次のよう定義している。

その実践においても、イデオロギーにおいても、はっきりとイタリア・ファシズムの――もしくはのちになるとドイツのナチズムの――手本をみずから引合いにだした一切の政治運動を、「ファシズム」と呼ぶことにする。それらの運動自身によるこのような自己規定は、個々の場合には誤謬に基いていることもあるかもしれない。(『ファシズムの時代』八頁)

だとすれば、日本の場合も、「誤謬に基いている」自己規定においてファシズムだったと言えるかもしれない。もちろん、戦前の日本にもファシズム(国民サンディカリズム Sindacalismo nazionale)やナチズム(国民社会主義 Nationalsozialismus)を手本とした政治運動も無くはないのだが、それが戦間期に大衆運動として大きく展開されたわけではない。

その意味では、日本では今日なお「誤謬に基いている」ファシズム論が展開中とも言えよう。本書で「西班牙国民サンディカリズム突撃党」や「国民社会主義和蘭労働党」など正確な訳語が与えられているにもかかわらず、「国民サンディカリズム」や「国民社会主義」は戦後の否定的な価値判断を反映した「国家主義」に重ねて「国家サンディカリズム」や「国家社会主義」と呼ぶ人が多いからである。ドイツ現代史の学術論文でナチズムは「国民社会主義」と表記されるのが一般的だが、『広辞苑』第六版は「国家社会主義」をこう説明している。

社会改良主義の一つの立場。資本主義の弊害を国家権力の干渉によって調整しようとするもの。ナチス（国家社会主義ドイツ労働者党）はその典型。

もちろん、ドイツ現代史研究者でも、第三帝国をドイツ民族だけの「全体主義的福祉国家」（R・ツィーテルマン）と位置づける立場は存在する。戦後ドイツのガスト・アルバイター（外国人労働者）政策を、戦時中のユダヤ人・捕虜を使った強制労働システムとの連続性で考える視点は確かに重要かもしれない。しかし、「全体主義的福祉国家の思想」の意味でナチズムを「国家社会主義」と訳している人は少ないはずである。こうした誤訳について、私は何度か指摘してきたが（『社会学事典』弘文堂、『現代ジャーナリズム事典』三省堂など）、ようやく教育現場でも改善の兆しが見えてきた。たとえば、現在採択率トップの高校教科書『詳説世界史B』（山川出版社）でナチ党の正式名称は「国民社会主義ドイツ労働党」と注記されている。

それにもかかわらず、辞書類で「ナチズム＝国家社会主義」が多い理由は、戦後のナショナリズム理解に偏向があるためだろう。戦前は本書のように新聞や雑誌でもナチズムは正しく「国民社会主義」と表記されていた（福家崇洋『戦間期日本の社会思想――「超国家」へのフロンティア』人文書院・二〇一〇年なども参照）。

結局、こうしたナチズムやファシズムの誤訳は戦後になって定着したものである。たとえば、戦後の政治学をリードした丸山眞男は明治期ナショナリズムを「国民主義」、昭和戦前期ウルトラ・ナショナリズムを「超国家主義」と訳し分けていた。前者の国民主義を「進歩」への契機として評価し、後者の国家主義を「反動」として批判している。こうした用語法からすれば、「国民主義」とは戦後憲法の国民主権と結びつく健全なナショナリズムであって、悪しきナショナリズムは「国家主義」となる。こうした戦後の言語環境において、「国家社会主義」は悪に決まっているわけだ。当然、「国民革命」を唱えたナチ党が自らを悪の結社だと主張するはずもなく、「国家社会主義」は戦後日本社会のラベリングに過ぎない。そうした罵倒用語を使っている限り、「国民再生運動」を支持した大衆の心性を理解することはできないのではないか。

以上のような戦後日本の思想史的バイアスから距離を置いて考察するためにも、戦前に翻訳された本書を今日読み返す意義は少なくない。

内閣情報部「情報宣伝研究資料」

最後に、この翻訳資料の全体的性格を理解するために、内閣情報部と「情報宣伝研究資料」全一五輯について簡単に解説しておきたい。

内閣情報部は日中戦争勃の約二ヶ月後、一九三七年九月二五日に内閣情報委員会を拡大改組して設立された。日本における情報機構の組織化は、満州事変後の一九三二年五月の「時局同志会」に始まり、同年九月外務省に設置された官制によらない「情報委員会」から、一九三六年の官制化された「情報委員会」、そして一九三七年の「内閣情報部」、一九四〇年の「情報局」へと戦時体制の整備とともに発展していった。一九四五年一二月三一日の情報局官制廃止までこの一三年間の戦時情報体制の変遷過程は、「日本ファシズム形成期における〝同調の支配〟の確立過程」として位置づけられてきた（内川芳美「内閣情報局の設立過程」『マス・メディア法政策史研究』有斐閣・一九八九年、一九三頁）。だが、こうしたメディア統制史研究は日米戦争の一年前に成立する「情報局」に焦点を当てて進められたため、戦時体制を確立した「内閣情報部」への関心はこれまで十分とはいえなかった。

内閣情報部の職掌には、情報委員会が行ってきた関係各省との連絡調整、同盟通信社の監督と並んで新たに「各庁ニ属セザル情報蒐集、報道及啓発宣伝ノ実施」が加わり、ここに初めて独自の情報宣伝実施機関が成立した。情報委員会が創刊した『週報』『写真週報』『東京ガゼット』を引き継いだほか、新たに思想戦講習会などを開催して「情報宣伝に関する指導者」を養成する任務も加わった。その参考資料として作成されたのが『情報宣伝研究資料』全一五輯である。思想戦講習会の参加者は、「地方長官および中央官庁の適当と認むる高等文官、同待遇」、武官では中佐級の陸海軍将校が集められた（横溝光輝『昭和史片鱗』経済往来社・一九七四年、二四〇頁）。

思想戦講習会の起点となる文書に、時局宣伝資料第一一輯『部外秘国防と思想戦』（一九三七年八月一五日）がある。そこで日本の思想戦対策における「改善を要する点」として以下の五点が挙げられている。第一に、「政府並びに民間を通じ挙国的の宣伝教化の組織」の確立と「宣伝に関する科学的研究」の着手。第二に、外国人をも承服せしめる「日本主義の学的体系及宣伝理論」の整備。第三に、国民が流言飛語に迷わぬように「国民教養の向上」と、「欧米崇拝」の是正。第四に、「適切なる政治経済の施設と運営によつて」思想戦において最も重要なる前提条件である「国民生活の安定」を実現すること。第五に、外国の謀略に対する国民の啓発と警妨組織の完備。この五点のうち、特に第一の「政府並びに民間を通じ挙国的の宣伝教化の組織」の確立と「宣伝に関する科学的研究」の着手ために翻訳されたのが本書を含む「情報宣伝研究資料」である。

そのうち一二冊、つまり八割がドイツ語文献の翻訳であり、思想戦の宣伝理論を主に「ドイツ新聞学」Zeitungswissenschaft に依拠して構想していたことがわかる（拙稿「総力戦と思想戦の言説空間」、山之内靖／ビクター・コシュマン／成田龍一編『総力戦と現代化』柏書房・一九九五年を参照）。全一五輯の内訳を原著タイトルを付けて示しておこう。

第一輯（一九三八年二月一〇日刊）ゲオルグ・フーベル『一九二八年大戦間に於ける仏国の対独宣伝』Georg Huber, *Die französische Propaganda im Weltkrieg gegen Deutschland 1914 bis 1918*, München 1928.（Zeitung und Leben ; Schriftenreihe ; Bd. 1）

第二輯（一九三八年二月一〇日刊）W・ニコライ『大戦間独逸の諜報及宣伝』Walter Nicolai, *Nachrichtendienst. Presse und Volksstimmung im Weltkrieg*, Berlin 1920.

第三輯（一九三八年四月二八日刊）ハンス・チンメ『武器に依らざる世界大戦』Hans Timme, *Weltkrieg ohne Waffen : die Propaganda der Westmächte gegen Deutschland, ihre Wirkung und ihre Abwehr*, Stuttgart 1932.

第四輯（一九三八年四月二八日刊）[部外秘] ヘルマン・ワンデルシェック『世界大戦と宣伝』Herman *Wanderschek, Weltkrieg und Propaganda*, Berlin 1936.

第五輯（一九三八年七月五日刊）エミール・ドヴィファット『新聞学（上）』Emil Dovifat, *Zeitungslehre I.* Band, Berlin 1937.

第六輯（一九三八年七月二五日刊）W・ニコライ『秘密の力』Walter Nicolai, *Geheime Mächte. Internationale Spionage und ihre Bekämpfung im Weltkrieg und Heute.* Leipzig 1923.

第七輯（一九三八年一二月刊）㊙外務省編纂『外国新聞に現はれたる支那事変漫画』一九三八年一二月

第八・九輯（一九三九年三月刊）㊙アドルフ・エールト編『列国に於ける共産主義運動』上・下　Adorf Ehrt（Hrsg.）*Der Weltbolschewismus; Ein internationales Gemeinschaftswerk über die bolschewistische Wühlarbeit und die Umsturzversuche der Komintern in allen Ländern*, Berlin 1936.

第一〇輯（一九三九年三月刊）ヴェルナー・ハース『欧州各国に於ける国家革新運動』一九三九年三月　★本書

第一一輯（一九三九年七月刊）レオナード・W・ドーブ『宣伝の心理と技術』Leonard W. Doob, *Propaganda:*

Its Psychology and Techniques, New York 1935.

第一二輯（一九四〇年一月刊）シドニー・ロジャーソン『次期戦争と宣伝』Sidney Rogerson, *Propaganda in the Next War*, London 1938.

第一三輯（一九四〇年二月一〇日刊）アントン・チシュカ『世界に於ける日本』Anton Zishka, *Japan in der Welt; die japanische Expansion seit 1854*, Leipzig 1936.

第一四輯（一九四〇年四月刊）ハンス・A・ミュンステル『新聞と政策——新聞学入門』Hans A Müinster, *Zeitung und Politik. Eine Einführung in die Zeitungswissenschaft*, Leipzig 1935.

第一五輯（一九四〇年九月刊）オットー・クリーク『戦争か平和か』Otto Krieg, *Krieg oder Frieden; Weltpolitik zwischen Nationalsozialismus und Bolschewismus*, Berlin 1939.

このシリーズ全体は、その後継「研究資料」として第一輯のみ刊行されたツィーグラー／ニコルソン『独英は斯く想ふ』（一九四〇年一一月刊）、さらに内閣情報部編『思想戦展覧会記録図鑑』（一九三八年一二月二〇日刊）と併せて、津金澤聡廣・佐藤卓己編『情報宣伝研究資料』全八巻（柏書房・一九九四年）に収められている。特に、第五輯や第一四輯の「ドイツ新聞学」テキストの翻訳については、東京帝国大学新聞研究室主任・小野秀雄（内閣情報部嘱託・戦後は東京大学新聞研究所所長、日本新聞学会会長）の指示で同研究室助手・小山栄三（戦後は立教大学教授、日本世論調査協会会長）が担当したものと推定される。こうした戦中のドイツ新聞学と戦後のマス・コミュニケーション研究の連続性については、拙稿「第三帝国におけるメディア学の革新——ハンス・A・ミュンスターの場合」『思想』第八三三号（一九九三年一一月）、同「戦後世論の成立——言論統制から世論調査へ」『思想』第九八〇号（二〇〇五年一二月）などを参照されたい。

付録

日本語版未収録図版集

- 本附録は“Europa will Leben”に収録されていながら、日本語版では割愛された図版をまとめたものである。
- 図版のほとんどは各党の機関誌の一面見本であり、一部ビラ・チラシ類が含まれている。
- 収録にあたっては、研究者の便を図りキャプションは原本のママとした。誌名の翻訳名称は、別途付録の索引で検索可能である。
- 日本語のキャプションは、本復刻版に置き換えた際の収録該当章題及び頁を示す。

VÖLKISCHER BEOBACHTER

Parteitag der Freiheit

1935

Und wieder sollt Ihr Nürnberg erleben!

Der „Völkische Beobachter“, das tägliche Zentralorgan der „Nationalsozialistischen Deutschen Arbeiterpartei“ (NSDAP.)

図 1　一、独逸・33 頁

Il Popolo d'Italia

Milano, Via Arnaldo Mussolini, 19 — Fondatore: BENITO MUSSOLINI — Anno XXIII - N. 14 - Martedì 14 Gennaio 1936 - Anno XIV

L'offensiva della menzogna

Le complicazioni e le incertezze del momento internazionale

nell'imminenza della ripresa di Ginevra

Attività di pattuglie sul fronte eritreo

Una ricognizione dei nostri aerei in Dancalia

Il Comunicato N. 95

L'eroico contributo degli Ascari al successo delle armi italiane in Africa

„Il Popolo d'Italia“, das von Mussolini gegründete Zentralorgan der faschistischen Partei

図 2　二、伊太利・49 頁

Presseorgane der belgischen Erneuerungsbewegungen

図3　三、ベルギー・59頁

An Uns, Kameraden!

Was will die
" Belgische Nationale Legion „ ?

Wir wollen eine Regierung der Ordnung der Disciplin und der verantwortlichen Autorität !

Wir wollen die Abschaffung der Parteien und des politischen Parlamentarismus und Ersetzung dieses letzteren durch Korporative Kammern !

Wir wollen die Abschaffung der politisch finanziellen Oligarchie !

Wir wollen Arbeit zunächst für die Belgier !

Wir wollen die Ausweisnung der ausländischen Juden die das belgische Gastrecht missbrauchen.

Wir wollen Achtung vor jeder religiösen und philosophischen Wettanschauung !

Wir setzen uns ein für die Unversehrtheit und Unantastbarkeit der belgischen Landesgrenzen und geben unsern Brüdern in den wiedererworbenen Gebieten die Versicherung dass wir sie nie im Stich lassen werden, ist doch für uns der Eupener, Malmedyer und St. Vither einem Belgier aus Lüttich, Brüssel oder Gent vollkommen gleich zu stellen !

Deutschsprachige Belgier !
Nieder mit der Marxismus ! und der klassenhaat !
Für Ordnung, Autorität, und Gerechtigkeit !
Für die Verteidigung eurer Rechte !
Kommt zur " *Belgischen Nationalen Legion !* „

Hauptgeschäftstelle für die Provinz Lüttich
33, rue André Dumont, 33, Lüttich

Flugblatt der „Légion Nationale Belge", das für die deutschsprechenden Teile Belgiens bestimmt ist

図4　三、ベルギー・74頁

Zeitungen der bulgarischen Erneuerungsbewegungen

図5　四、ブルガリア・82頁

Zeitungen
der dänischen Erneuerungsbewegungen

図6　五、デンマーク・93頁

The TRUTH about Adolf Hitler's Battle for Civilisation!

How to Destroy the World's Destroyers!

HAIL HITLER!
HAIL JAPAN!
HAIL HENRY FORD!

The Three Outstanding Champions of Humanity.

Knock Out the Jews' Teeth; overthrow their Three Great Instruments of World Control

The Gold Standard,
The Soviet,
The League of Nations.

Ausschnitt aus einer Flugschrift der „British Fascists“, in der Hitler, Japan und Henry Ford als die großen Vorkämpfer der Menschheit bezeichnet werden und die Vernichtung der drei großen Werkzeuge der jüdischen Weltkontrolle: die Goldbasis, die Sowjets und der Völkerbund, gefordert wird.

図7　六、英国・104頁

VABADUSSÕJALASTE HÄÄLEKANDJA

VÕITLUS

EESTLANE!

Oktoobrikuu rahva suurvõidust on kasu ainult siis, kui meie seda võitu kindlustame ning selleks erakondliku sahkerdamise, mõtteviisi ja laiutamise hävitame linnavalitsusest. Sellepärast

KÕIK VALIMA!

Anname hääled

Vabadussõjalaste

„Võitlus" (Der Kampf), das offizielle Organ des estländischen „Verbandes der Freiheitskämpfer", der im März 1934 von Regierungsseite aufgelöst wurde

図8　七、エストニア・120頁

HERÄÄ SUOMI

SUOMEN KANSAN JÄRJESTÖN PÄÄ-ÄÄNENKANNATTAJA

HAKKORSET

Tidskrift för Finlands Folkorganisation

Korpisaaris kovändning.

Han efterapar utländska förebilder.

„Hakkorset" und „Herää Suomi",
die beiden Zeitungen der finnischen Kalsta-Bewegung

図9　八、芬蘭・133頁

Zeitungen
der verschiedenen französischen Erneuerungsbewegungen

図10　九．仏蘭西・139 頁

Reykjavik 7. febrúar 1934.

ÁKÆRAN

Ónytjungsháttur gömlu flokkanna.

Hverjum á að fela forystuna?

Kosningaúrslitin.

Alvarlegt ástand —

„Akaeran" (Angriff), das Blatt der isländischen Erneuerungsbewegung „Flokkur pjodernissinna a Islandi" (Nationalsozialistische Partei auf Island)

図11 一〇、アイスランド・179頁

Zeitungen der verschiedenen nationalsozialistischen und faschistischen Gruppen in Holland, die im Laufe der letzten Jahre gegründet wurden, aber infolge Fehlens geeigneter Führer bald wieder von der politischen Bühne verschwunden sind.

図12　一一、和蘭・188頁

ZATERDAG 2 MAART 1935 — 3e JAARGANG No. 9

VOLK EN VADERLAND

WEEKBLAD VOOR DE NATIONAAL-SOCIALISTISCHE BEWEGING IN NEDERLAND

NEDERLAND = EUROPA'S TOEKOMSTIG SLAGVELD

De lijkbezorgers van onze onafhankelijkheid

VAZALSTAAT VAN FRANKRIJK

DE CONTINGENTEERING

Ruil-objecten voor de handelsverdragen

„Volk en Vaterland", das offizielle Blatt der „Nationaal-Socialistische Beweging" (NSB.) in Holland. Die Auflage der Zeitung beträgt bereits über 100000 Stück, eine Zahl, die für Holland ganz beträchtlich ist.

図13　一一、和蘭・191 頁

De Nederlandsche

Nationaal-Socialist

Officieel Orgaan van de Nationaal-Socialistische Nederlandsche Arbeiderspartij

N. S. N. A. P. — Leider Majoor KRUYT

3e Jaargang — 6 APRIL 1935 — No. 33

De geesel der menschheid

Het Kapitalisme

Zeitungskopf des offiziellen Parteiorgans der „Nationaal-Socialistische Nederlandsche Arbeiders-Partij (NSNAP.)

図14　一一、和蘭・203 頁

NS UNGDOMMEN
29. juli 1934.
Ungdommen og utviklingen.

FRONTEN
ORGAN FOR POLITISK NYORIENTERING
frimureriets makt i Stortinget

NASJONAL SAMLI
HOVEDORGAN FOR N S
En erklæring fra regje

Nasjonal-Socialisten
Sett Hambro under riksrett?
Hvad er en marxist?

Presseorgane der norwegischen Erneuerungsbewegungen

図15　一五、諾威・215 頁

Cena 20 gr.
Katowice, od 21 do 28 stycznia 1934 r.
Błyskawica
ORGAN NARODOWO-SOCJALISTYCZNEJ PARTJI ROBOTNICZEJ
Nr. 3.
REDAKCJA I ADMINISTRACJA: KATOWICE, UL. WANDY 17
Rok II
Niedzielne zwycięstwo!

Titelseite des offiziellen Organs
der Nationalsozialistischen Arbeiter-Partei in Polen

図16　一六、波蘭・223 頁

Zeitungsköpfe der rumänischen Erneuerungsbewegungen

図17　一八、羅馬尼・233 頁

Zeitungen der schwedischen Erneuerungsbewegungen

図18　一九、瑞典・243 頁

Zeitungen der schweizerischen Erneuerungsbewegungen

図19　二〇、瑞西・252頁

Arriba

Extrema experiencia

En vísperas del baile de máscaras

España y el Mediterráneo

La próxima Conferencia naval de Londres

„Arriba“ (Aufwärts), die offizielle Wochenschrift der faschistisch orientierten „Falange Española de las JONS.“

図20　二一、西班牙・277 頁

MEZŐFÖLD

Bátorság

NEMZETI SZOCIÁLISTA

BÖSZÖRMÉNY ZOLTÁN

NEMZET SZAVA

A nemzeti szociálizmus rendelettervei

Trianon

Junius 17: Országos Pártnap

Zeitungen der ungarischen Erneuerungsbewegungen

図21　二二、洪牙利・284 頁

União Nacional　国民同盟綱領　226
Union Nationale de Genève　寿府国民聯合党　271,272
Union Nationale Fribourgeoise　*Union Nationale Fribourgroise　272
Utrecht　ウトレヒト　190, 191, 194, 198
Uusi Suomi (Z.)　『新芬蘭』　128

V

Vaduz　ワヅツ　183-185
Vår Kamp (Z.)　『我等が闘争』　244, 249
Vaterländische Union (VU.)　祖国同盟　183, 185
Vaterländische Volksbewegung (Grundprogramm)　愛国国民運動党政綱　128
Vaterländische Volksbewegung (IKL.)　愛国国民運動党　124, 127-129
Verband der Freiheitskämpfer　愛国自由闘争同盟　119-122
Verband ehemaliger Kriegsteilnehmer (Estland)　大戦出征者同盟（エストニア）　119
Verbond van Dietsche Nationaalsolidaristen (Verdinaso)　ディチェ国民全体主義聯盟　59, 60, 64, 67, 73
Verbond van Dietsche Nationaalsolidaristen (Programm)　ディチェ国民全体主義聯盟綱領　67
Verbond van Dinaso-Syndikaten　シンデケート聯合　63
Verbond van Jongdinaso-Vendels　青年聯合　63
Vestdal, Jon　ジョン・ヴエスタール　180
Vöitlus (Z.)　『闘争』　122
Volk en Vaterland (Z.)　『国民と祖国』　194
Völkischer Beobachter (Z.)　『フエルキッシェー・ベオバハター』　32, 38
Volksbund (Kampfgemeinschaft für Schweizerische Nationale und Soziale Erneuerung)　国民同盟　259, 265, 266
Volksbund (Kampfgemeinschaft für Schweizerische Nationale und Soziale Erneuerung)(Programm)　国民同盟綱領　266
Volksbund (Z.)　『国民同盟』　266
Volksfront (Schweiz)　国民戦線（瑞西）　254, 266, 268, 269, 272
Volksfront (Programm)　国民戦線綱領 269
Volksfront (Z.)　『国民戦線』　269
Volkspartei (in Liechtenstein)　国民党（リヒテンシュタイン）　185
Volontaires Nationaux　国民義勇隊　157

W

WA. (Wehr-Abteilungen)　防衛隊　194
Waasa (Z.)　『ワーサ』　128
Wallenius, Generalstabschef　ヴァレニウス　123
Waterland, Albert van　ヴァターランド／ワーテルランド　188, 198
Wazrajdane (Z.)　『再生』　87
Wilson, H. C. Bruce　ブリース・ウィルソン　103

Z

Zelmin, Gustav　グスターフ・ツェルミン　181
Zihnai sweiks　「闘争万歳」　182
Zürich　チュリッヒ　255, 260

シスト党綱領 262
Schweizer Faschist (Z.) *Schweizer Faschist 262
Schweitzer Heimatwehr 瑞西国防団 253, 254, 262, 272
Schwerer, Vizeadmiral シユヴエーラー 143
Service public 「公共奉仕」（書籍） 153
Severen, Joris van ジョリス・ファン・セヴェレン 59, 60, 64
Sigurbjörnsson, Gisli ジスリ・シグルビョルンソン 179, 180
Sirk, Arthur アルトール・シルク 119, 122
Slagelse auf Seeland ゼーラントのスラゲルゼ 91, 92
Slowacki, poln. Dichter *Slowacki 223
Smit, Adalbert シュミット 188
Solidarité Française (SF.) ソリダリテ・フランセ（仏国共同党）140, 151, 165, 178
Somville, Charles シャルル・ソムヴィユ 74
Sonderegger, Oberstdivisionär ゾンデレゲル師団長 256, 259, 265, 268
Spanische Phalanx der Nartionalsyndikalischen Angriffsverbände 西班牙国民サンディカリズム突撃党 273, 274, 277, 281
Spöknippet (Z.) 『小枝の束』 243
Staliski, Alexander, Dr. アレクサンダー・スタリスキー博士 82, 86
Stambulijski, Alexander, Ministerpräsident アレキサンダー・スタムブリスキー 81-83
Storm Afdelinger (SA. in Dänemark) 突撃隊（デンマーク） 93
Stormloop (Z.) 『突撃』（ベルギー） 78
Straßburg ストラスブルク 140, 177
Sturm-Abteilungen (SA.) 突撃隊 36-38, 78, 118, 249, 284
Sturm-Abteilungen (in Belgien) 突撃隊（ベルギー） 78
Suomen Kansan Järjestö (SKJ.) 芬蘭国民党 130, 133
Suomen Kansan Järjestö (Programm) 芬蘭国民党の政綱 134
Svenska Nationalsocialistiska Partiet (SNSP.) 瑞典国民社会主義党 244, 249
Szedlar, Wilhelm *Wilhelm Szedlar 283

T

Tachoff, Ilieff イリェフ・タホフ 87
Taittinger, Pierre ピエール・テッタンジェー 146, 149
Ţara Noastră (Z.) 『我等が郷土』 234
Tătărescu, Stefan ステファン・タラレスク 241
The Blackshirt (Z.) 『黒シャツ』 118
The British Fascists 英国ファシスト党 102-105
The Fascist (Z.) 『ファシスト』 112
The Greater Britain 『大英国人』（書籍） 113
Thun ツン 254
Totul pentru Ţara 郷土に万事を 235
Troupe de choc 突撃隊 151
Turn- und Sportabteilung der NSDAP. 国民社会主義独逸労働党体操及競技部 36

U

Ugunskrusts-Bewegung (Feuerkreuze) 「火の十字」運動 181
Uhres, Paul パウル・ウーレ 186
Ungarische nationalsozialistische Arbeiter und Bauern-Partei 洪牙利国民社会主義労農党 282
Ungarische nationalsozialistische Partei 洪牙利国民社会主義党 282-284, 287, 288
Ungarische nationalsozialistische Partei (Programm) 洪牙利国民社会主義党綱領 288

P

Pálffy, Graf Fidél　Fidél Pálffy 伯　283
Paris　巴里／パリ／パリー　145, 146, 150-152, 158, 160, 167, 175, 176, 178
Partei der nationalsozialistischen ungarischen Arbeiter　洪牙利国民社会主義党 282, 283
Parti Français National-Communiste　仏国国民共産党　158
Parti National-Socialiste Français (PNSF.)　仏国社会主義国民党　140, 177
Parti Socialiste Nationale de France　仏国国民社会主義党　140, 158, 160
Parti Socialiste Nationale de France (Programm)　仏国国民社会主義党綱領　160
Partidulni Naţionale Creştine　国民キリスト教党　234
Partito Nazionale Fascista (PNF.)　ファシスト党　54, 57
Patriotenliga　愛国者聯盟　149
Patriotische Jugend　青年愛国党／愛国青年党　146, 149, 150 -152, 167, 178
Päts　ペツツ　120, 121
Perkonkrusts-Bewegung　火の十字運動（リトワニア）　181
Pfeilkreuz　矢十字　284
Phalanges Universitaires des Jeunesses Patriotes　愛国青年党大学部　150
Pjodernishreyfing Islandinga　アイスランド国民主義運動　179
Porfiloff, Stojan　ストヤン・ポルフィロフ　83
Prelom (Z.)　『プレロム』　86
Primo de Rivera jun. プリモ・デ・リヴェラ　274, 277
Probiw (Z.)　『プロビウ』　86
Pujo, Maurice　ピジュウ、モーリス　140

Q, R

Quisling, Vidkun　ヴィドクン・クウィスリング　213
Ramos, Ledesma　*Ledesma Ramos　273
Rappard, E. H., Dr.　ラパルド　188
Réal del Sarte, Maxime　マキシム・シアル・デル・サルト　144
Regroupement National　国民集合部　157
Rei　ライ　121
Renaud, Jean　ジャン・ルノー　166, 178
Reval　レヴァル　120, 121
Reykjavik　ライキャヴィク　179
Rocque, Robert de la　ロック大佐　152, 153, 157
Rodna Zaschtita　祖国防衛党　82-85
Rodna Zaschtita (Z.)　『祖国防衛党』　85
Rogier, Charles　シャルル・ロジェ　58
Rom　ローマ　54, 57, 102

S

Saivre, Roger de　ロジェー・ド・ゼーヴル　150, 151
Salazar, Oliveira, Prof. Dr.　オリヴエィラ・サラザール博士　225, 226
Schaedler, Otto, Dr.　オツトー・シエードラー　183, 185
Schirach, Baldur von　バルドゥル・フォン・シラッハ　37
Schkoinoff, General　シュコイノフ将軍 83
Scholtz-Klink　ショルツ・クリンク　37
Schouten, Anton F.　シユーテン　188
Schutzstaffeln (SS.)　親衛隊　37, 118
Schwedens faschistische Kampforganisation　瑞典ファッショ的闘争団　244, 250
Schweizer Faschismus　瑞西ファシスト党　254, 261, 262, 271
Schweizer Faschismus (Programm)　瑞西ファ

能代表制労働同盟 59, 74
National-Korporative Arbeits-Liga (Programm) 国民職能代表制労働同盟綱領 78
National Socialisten (Z.) 『国民社会主義者』 91
Nationalsocialistisk Tidning (Z.) 『国民社会主義新聞』 249
National-Socialistisk Ungdom (NSU.) *National-Socialistisk Ungdom 93
Nationalsocialistiska-Arbetarepartiet (NSAP.) 国民社会主義労働党 249-251
National-Socialistul (Z.) 『国民社会主義』 242
Nationalsozialistische Bauern- und Arbeiter-Partei (Schweden) 国民社会主義労農党(スウェーデン) 243
National-Sozialistische Bewegung (NSB.) 国民社会主義運動 189-195
National-Sozialistische Bewegung (Programm) 国民社会主義運動綱領 195
Nationalsozialistische Bulgarische Arbeiter-Partei 国民社会主義ブルガリヤ労働党 82, 88
Nationalsozialistische Deusche Arbeiter-Partei (NSDAP.) 国民社会主義独逸労働党 31, 32, 34, 36, 38, 82, 87, 198
Nationalsozialistische Deusche Arbeiter-Partei (Programm) 国民社会主義独逸労働党政綱 38
Nationalsozialistische Frauenshcaft 国民社会主義婦人会 24
Nationalsozialistische Miliz 国民社会主義国民軍 175
Nationalsozialistische Niederländische Arbeiter-Partei 国民社会主義和蘭労働党 189, 203, 204, 208
Nationalsozialistische Niederländische Arbeiter-Partei (Programm) 国民社会主義和蘭労働党綱領 203
Nationalsozialistische Partei von Frankreich 仏国国民社会主義党 140, 158, 159
Nationalsozialistische Partei von Frankreich (Programm) 仏国国民社会主義党綱領 160
Nationalsozialistisches Kraftfahr-Korps (NSKK.) 国家社会主義自動車隊 37
Nationen (Z.) 『国民』 243
Nemzet Szava (Z.) 『国民の声』 288
Neue Front 新戦線 255
Neue Kraft — (Nationale und soziale Volksbewegung) (NK.) ノイエ・クラフト党 176, 177
Neuer Staat (Estado Novo) 新国家 226, 229-231
New-Party 新党 113
Nordisk Ungdom 北欧青年 251
Norges Nasjonalsocialistiske Arbeiderparti (NNSAP.) 諾威国民社会主義労働党 210
Norwegische nationalsozialistische Arbeiterpartei 諾威国民社会主義労働党 210
NS. Ungdommen (Z.) 『国民集会青年』 215
Nysvenska nationalsocialistiska Förbundet *Nysvenska nationalsocialistiska Förbundet 244, 249

O

Oehler, Hans, Dr. *Hans Oehler 博士 260
Olafskreuz (Schweden) オラフ十字 図版削除
Oltramare, Georges ジヨヂ・オルトラマル 271
Ordnung im Staat 「国家の安寧秩序」(書籍) 268
Ordre National Neuchâtelois *Ordre National Neuchâtelois 272
Oslo オスロー 210

London　ロンドン市／ロンドン 104, 112, 118
Luchont, Ingenieur　ルション　140, 177
Lüttich　*Lüttich　74
Lutze, Viktor　ヴィクター・ルッツェ　37
Luxemburger Jugendverband　ルクセムブルグ青年同盟　186
Luzern　ルツェルン　268, 269

M

Madrid　マドリッド／マドリッド市　274, 277
Magyar Nemzeti Szocialista Párt (MNSzP.)　洪牙利国民社会主義党　282-284, 287
Magyar Nemzeti Szocialista Párt (Programm)　洪牙利国民社会主義党綱領　288
Maurras, Charles　シャルル・モオラス140
Mein Kampf　『我が闘争』（書籍）　32
Meskó, Zoltán　*Zoltán Meskó　282, 283
Mezöföld (Z.)　*『Mezöföld』　284
Mickiewicz, Adam　*Mickiewicz　223
Milice Socialiste Nationale (MSN.)　国民社会主義国民軍　175
Moreau, Mlle.　モロー　151
Mosley, Lady Elizabeth　エリザベス・レディ・モズレー　118
Mosley, Sir Oswald　オズワルド・モズレー卿　102, 112, 114
Mülenen i. Kandertal　KandertalのMülenen　254
München　ミュンヘン　28, 32, 38
Muschanoff　ムシャノフ首相　82
Mussert, Anton Adriaan　ムッセルト　189, 191, 193
Mussert-Bewegung (NSB.)　ムッセルト運動　190, 193
Mussolini, Benito　ベニト・ムッソリーニ　46, 49, 50, 53, 54, 57, 102, 150, 172, 188, 191, 192, 254, 262

N

Naprzód　「前進」　224
Narodowo-Socjalisycznej Partji Robotniczej (NSPR.)　国民社会主義労働党　223, 224
Nasjonal Samling (Bewegung)　国民集会　210, 213-215
Nasjonal Samling (Programm)　国民集会の目的　215
Nasjonal Samling (Z.)　『国民集会』　215
Nasjonal-Socialisten (Z.)　『国民社会主義者』　210
Nationaal-Socialistische Beweging (NSB.)　国民社会主義運動　189-194
Nationaal-Socialistische Beweging (Programm)　国民社会主義運動綱領　195
Nationaal-Socialistische Nederlandsche Arbeiders-Partij（NSNAP.）　国民社会主義和蘭労働党　188, 198, 203
Nationaal-Socialistische Nederlandsche Arbeiders-Partij (Programm)　国民社会主義和蘭労働党綱領　203
National　Fascist　国民ファシスト党　102
National-christliche Partei　国民キリスト教党　234
Nationale Agrarpartei　国民農民党　234
Nationale Front (NF.)(Frankreich)　［仏国］国民戦線　151, 167, 178
Nationale Front (NF.)(Schweiz)　国粋戦線（スイス）　255, 256, 259, 260
Nationale Front (Programm)　国粋戦線綱領　260
Nationale Jugend (Schweiz)　国粋青年団　259
Nationale Zadruga Faczisti　国民ファシスト同盟　82, 86, 87
National-Korporative Arbeits-Liga　国民職

民同盟 265, 266
Kampfgemeinschaft für Schweizerische und Soziale Erneuerung (Programm) 国民同盟綱領 266
Karlstad *Karlstad 市 249
Kastell de Binckhorst カステル・デユ・ビンクホルスト 188
Kattowitz カトウィッツ 223
Königsknappen 国王親衛隊 144, 145
Kosola, Vittori ヴィトリ・コソラ 124
Krasinski, Zygmund *Krasinsk 223
Kruyt, C. I. A. C・I・A・クロイト 189, 198
Kuntscheff, Christo クリスト・クントシェフ／クントチェフ 82, 87

L

L' Action Française (Z.) 『ラアクション・フランセーズ』 146
Laidoner, General ライドネル将軍 121
La Libre Parole (Z.) 『自由の言葉』 158
La Lotta di Classe (Z.) 『階級闘争』 49
L' Ami du Peuple (Z.) 『人民の友』 167
Landbrugernes-Sammenslutning (LS.) L・S・運動 92
Lappo-Bewegung ラッポー運動 123, 124, 127
Lapua (Lappo) ラプア（ラッポー） 123
Larka, General ラルカ将軍 119, 121
L' Assaut (Z.) 『突撃』（ベルギー） 78
Lausanne ローザンヌ 261
La Victoire (Z.) 『勝利』 176
Leese, Arnold S. アーノルド・S・リーズ 108
Le Flambeau (Z.) 『炬火』 158
Le Francisme 仏国国粋党／仏蘭西国粋党 140, 168, 171
Le Franciste (Z.) 『仏国国粋主義』 175
Lega Federale 聯邦同盟 272
Lega nazionale ticinese 国粋テッシン地方同盟 270, 272
Légion Nationale (Z.) 『Légion Nationale』 74
Légion Nationale Belge (LNB.) ベルギー国民軍団／ベルギー国民団 59, 73
Lembcke, C. レムブケ 90, 91
Le National (Z.) 『ル・ナショナール』 152
Leonhard, Ernst レオンハルト少佐 259, 265, 266
Le Pilori (Z.) 『Le Pilori』 272
Le Siècle Nouveau (Z.) 『新世紀』 160
Letzeburger Jugendverband ルクセムブルグ青年同盟 186
Ley, Robert, Dr. ロベルト・ライ博士 36
L' Idea Nationale (Z.) 『国家観念』 271
Liechtensteiner Heimatdienst (LHD.) リヒテンシュタイン祖国奉仕団 183, 185
Liechtensteiner Heimatdienst (Z.) 『リヒテンシュタイン祖国奉仕』 185
Liechtensteiner Nachrichten (Z.) 『リヒテンシュタイン報知』 185
Liechtensteiner Vaterland (Z.) 『祖国リヒテンシュタイン』 185
Ligii Apărării Nationale Creştine キリスト教国民防衛聯盟 232, 233
Ligue des Patriotes 愛国者聯盟 146
Ligue Nationale Corporative du Travail (Linaco) 国民職能代表者制労働同盟 59, 72, 78
Ligue Nationale Corporative du Travail (Programm) 国民職能代表者制労働同盟綱領 78
Ligue Vaudoise *Ligue Vaudoise 272
Lindholm, Sven Olov スヴェン・オロヴ・リンドホルム 243, 244, 249, 250
Lintorm-Orman, Miß R. L. アール・エル・リントーム・オーマン嬢 103

Hakkorset (Z.)　*『Hakkorset』 133
Hallgren, Konrad　コンラード・ハルグレン 243, 249
Harsts　前衛 259
Haruus　「断乎として戦へ」 317
Hayghton, Alfred, Dr.　ヘイトン 188
Haz (Z.)　『東』 277
Hedengren, Sven　スヴェン・ヘデングレン 243
Hegedüs, Béla　*Béla Hegedü 287
Heil't Dinaso　「ハイルト・ディナソ」 64
Hell Furugård　「フルガルトに光栄あれ！」 249
Helsingfors　ヘルシングフオルス 123, 127, 133
Henne, Rolf, Dr.　ロルフ・ヘンネ博士 259
Heräa Suomi (Z.)　『芬蘭よ目醒めよ』 133
Hervé, Gustave　ギュスターフ・ヘルヴェ 175
Het Legionen (Z.)　*『Het Legionen』 74
Hier Dinaso (Z.)　*『Hier Dinaso』 64
Himmler, Heinrich　ハインリヒ・ヒムラー 37
Hindenburg, Paul von　フォン・ヒンデンブルグ元帥 35
Hitler, Adolf　アドルフ・ヒットラー 24, 27, 28, 31, 32, 34-37, 45, 140, 191, 192, 233
Hitler-Jugend (HJ.)　ヒットラー少年団／ヒットラー青年団 37, 93, 251
Hoornaert, Paul　ポール・ホールネルト 73
Hou Zee　「コースを変へるな」 194
Hühnlein, Adolf　アドルフ・ヘンライン 37

I

ICs.-Organisation　洪牙利ナチス党青年団 287
Il Fascista Svizzero (Z.)　*『Il Fascista Svizzero』 262
Il Popolo d'Italia (Z.)　『イタリヤ人民』／『ポポロ・デイタリア』／『イタリー人民』 50, 53, 57
Imperial Fascist Guard　英帝国ファシスト親衛隊 112
Imperial Fascist League (IFL.)　英帝国ファシスト聯盟 108, 111, 112
Isänmaallinen Kansan Liike (IKL.)　愛国国民運動党 127, 128
Isänmaallinen Kansan Liike (IKL.) (Grundprogramm)　愛国国民運動党政綱 128

J

Jeanne d'Arc　ジャンヌ・ダルク 146
Jekoff, Nikola, General　ニコラ・ジェコフ将軍 85
Jeunesses Patriotes (JP.)　青年愛国党／愛国青年党 139, 146, 149-152, 167, 178
Jongeren Marscheeren (Z.)　『青年は行進す』 194
Jonsson, Helgi　ヘルジ・ジョンソン 180
Jord-Arbeide-Kapital (JAK.)　J・A・ 92
Juntas de Ofensiva Nacional-Sindicalista (JONS.)　*Juntas de Ofensiva Nacional-Sindicalista (JONS.) 273, 274, 281

K

Kahr, von　フォン・カール 32
Kalsta, Arvi　アルヴィ・カルスタ 127, 129, 130
Kalsta, Arvi-Bewegung　カルスタ運動 130, 133
Kampfbund Neue und Nationale Front　新闘争同盟並びに国粋戦線 255
Kampfgemeinschaft für Schweizerische und Soziale Erneuerung - Volksbund　瑞西の国民的、社会的革新の為の闘争団体一国

E

Eidgenössische Front (EF.) 瑞西聯邦戦線 (EF) 254
Eidgenössischer Bund 聯邦同盟 254, 269, 272
Elsaß-Lothringen アルサス・ローレン 176
Esch エッシュ市 187
Estado Novo 新葡萄牙国家 229
Estado Novo (10 Gebote) 新葡萄牙国家の十誡 229

F

Falange Española (FE.) *Falange Español 274
Falange Española de las JONS. 西班牙国民サンディカリズム突撃党 273, 274, 277, 281
Fasci di Combatimento 労兵共和国府 54
Fascio Interventista ファシオ・インテルヴェンチスタ 50
Fasciste Suisse (Z.) *『Fasciste Suisse』 262
Fascists Week (Z.) 『ファシスト週報』 118
Fédération Nationale des Camelots du Roi 国王親衛隊国民聯盟 144, 145
Festetics, Graf Alexander フェステティックス伯、アレキサンダー 283, 284, 287
Fiez, Oberstleutnant *Fiez 中佐 254
Fischer, Theodor テオドール・フィッシャー 266
Flamenvolk フラーマン族 58, 60
Flämische Front フラーマン戦線 58-60
Flandern フランダース 58
Flokkur pjodernissinna a Islandi アイスランド国民社会主義党 179, 180
Fonjallaz, Arthur *Fonjallaz 大佐 254, 261, 262
Francistische Garde ファッショ親衛隊 172
Francistische Legion ファッショ軍団 172
Frank, Hans, Dr. *Dr. Hans Frank 35
Frick, Wilhelm, Dr. ウィルヘルム・フリック博士 255
Front National Ouvrier Paysan-„Les Francistes" 仏国労農戦線 158
Front Valaisan *Front Valaisan 272
Furugård, Birger, Dr. ビルゲル・フルガルト博士 243, 244, 249, 250
Fyhn, Yngvar イングヴァル・フィーン 210

G

Garda de Fier 鉄衛兵団 237, 241
Gent *Gent 59
Georgieff, Ministerpräsident ゲオルギーフ首相 82
Goga, Octavian オクタヴィアン・ゴーガア 233, 234
Göteborg *Göteborg 251
Graber *Graber 254
Gralla, Józef *Józef Gralla 223
Großniederländisches Reich 大オランダ国 59
Groupes d'assaut 突撃隊 78
Groupes d'atelier 職場グループ 151
Groupes mobiles (in Belgien) 突撃隊(ベルギー) 74
Groupes mobiles (in Frankreich) 動員部(仏蘭西) 150
Grüne Häuser 緑色の家 67
Guise, Duc de ド・ギーズ公 143, 145

H

Häämeen Sanomat (Z.) 『ヘメーン・サノマータ』 128
Haarlem ハーレム市 203
Hakaristi (Z.) *『Hakaristi』 133

C

Cantacusino, General　カンタクシノ将軍 237
Carmona, General　カルモーナ将軍 225, 229
Castelnau, von, General　フォン・カステルノー将軍 149
Cercle Fédéraliste de Fribourg　フリブール聯邦国体 272
Chambord, Comte de　ド・シャムボル子爵 146
Clausen, Fritz, Dr.　フリッツ・クラウゼン博士 91, 93
Clémenti, Pierre　ピエル・クレメンチ 158
Codreanu, Corneliu Zelea　コルネリゥ・ゼレア・コドレアヌ 237, 241
Colijn, Ministerpräsident　コレイン 191
Commissaires d'Action Française　仏国行動党委員会 144
Coque de France (Z.)　『仏国の雄鶏』 167
Coston, Henry　アンリー・コストン 140, 158
Coty, François　フランソア・コテイ 140, 165
Croix de Feu　クロア・ド・フー（火の十字党） 139, 152, 154, 157, 198
Cuza, Alexander C., Prof. Dr.　クーツァ教授 232-234

D

Danmarks National Socialistiske Arbejder Parti (DNSAP.)　デンマーク国民社会主義労働党 90-93
Danmarks National Socialistiske Arbejder Parti (DNSAP.) Programm　デンマーク国民社会主義労働党政綱 94
Das Schwarze Korps (Z.)　『黒い団隊』 38
Daudet, Léon　レオン・ドーテー 140
Defense Corps　防衛隊 118
Defense Force　防衛兵団 118
Dég　*Dég 283, 288
De la Rocque, Robert　ロック大佐 152, 157
De Nederlandsche Nationaal-Socialist (Z.)　『オランダ国民社会主義者』 203
Den Svenske Nationalsocialisten (Z.)　『瑞典国民社会主義者』 251
Der Hêmecht trei　「祖国に忠実なれ」 187
Der Illustrierter Beobachter(IB.) (Z.)　『絵入りベオバハター（ＩＢ）』 38
Déroulède, Paul　ポール・デルレード 146
Der SA-Mann (Z.)　『突撃隊の男』 38
Deutsche Arbeiterpartei　独逸労働党 28, 31
Deutsches Jungvolk　独逸幼年団 37
De Vlag (Z.)　『旗』 64
De Westvlaming (Z.)　『西フラーマン』 64
Die Front (Z.)　『戦線』 260
Die Heimatwehr (Z.)　『聯邦戦線』 255
Die HJ. (Z.)　『ヒットラー少年団』 38
Die Nationalen Hefte (Z.)　『国家権力』 260
Die Staatsreform (Z.)　『国家革新』 177
Dietscher Volksstaat　ディチェ民族国家 60
Dinaso-Bewegung　ディチェ国民全体主義聯盟運動 59
Dinaso-Bewegung (Programm)　ディチェ国民全体主義聯盟綱領 67
Dinaso-Militie　警備隊 63
Donnerkreutz-Bewegung　雷十字党 181
Dotscheff, Ivan　イワン・ドッチェフ 85
Dovia (Romagna)　ドヴィア（ロマニヤ） 46
Drumont, Edouard　エドワール・ドルュモン 158
Dubernard, Maurice-Christian　モリス・クリスチャン・デュベルナール 159
Duca, Ministerpräsident　ドゥカ 237, 241

索引

《凡例》

一、索引項目および指摘箇所は、原書索引をもとに、日本語版を参照しながら作成した。ただし、読者の便をはかるため、項目は適宜整理した。
一、日本語表記は原則として日本語版に準じた。ただし、旧漢字は原則として常用漢字に改めた。
一、日本語版でも原書綴りママで記載されている項目については、＊印をつけて示した。
一、原書項目の (Z.) は公式の機関誌を示す。日本語索引では刊行物名は『　』で示し、書籍の場合は特に（書籍）と明記した。
一、スローガンや掛け声等については、「　」で示した。

A

Action Française (AF.)　仏国行動党　139, 140, 143-146, 178
Action Nationale (Z.)　『国民活動』　270
Ajan Sana (Z.)　『アヤン・サーナ』　124
Ajan Suunta (Z.)　『時流』　128
Akaeran (Z.)　『攻撃』　180
Angreb (Z.)　『攻撃』　91
Apărărea națională (Z.)　『国家防衛』　233
Arriba (Z.)　『前進』　277
Ataka (Z.)　『襲撃』　88
Avanti (Z.)　『進め』　49
Axa (Z.)　『軸』　241

B

Bainville, Jacques　ジャック・バンヴィル　140
Ballila　バリラ　57
Bátorzság　「勇気」　287
Bátorzság (Z.)　『勇気』　288
Baurup　バウループ　93
Blyskawica (Z.)　『電光（イナヅマ)』　224
Bossard, Hans　ハンス・ボザールト　268, 272
Böszörmény, Zoltán　*Zoltán Böszörmény　282-284
Braunau am Inn　ブラウナウ　24
Braunes Haus　褐色の家　38
Briscards　古参兵在郷軍人部　157
British Fascism (Z.)　『英国ファシズム』　104
British Fascists (BF.)　英国ファシスト党　102-104, 108, 111
British Fascists (Programm)　英国ファシスト党政綱　104
British Union of Fascists (BUF.)　英国ファシスト同盟　102, 112-114, 117, 118
Bucard, Marcel　マルセル・ブカール　140, 168, 172
Bukarest　ブカレスト　232, 234
Bund der jugendlichen nationalen Legionen　青少年国民軍聯盟　82, 85, 86
Bund Deutscher Jungmädel in der HJ.　ＨＪ中の独逸幼年団　37
Bund Deutscher Mädel in der HJ.　ＨＪ中の少女聯盟　37
Bund nationalsozialistischer Eidgenossen　国民社会主義瑞西聯邦同盟　266
Bürgerpartei (Liechtenstein)　ブルジョア党（リヒテンシュタイン）　185

解題執筆

佐藤卓己（さとう・たくみ）

1960年 広島市生まれ。1989年京都大学大学院博士課程単位取得退学。東京大学新聞研究所・社会情報研究所助手、同志社大学文学部助教授、国際日本文化研究センター助教授などを経て、現在、京都大学大学院教育学研究科教授。専攻、メディア史、社会教育学。著書に、『現代メディア史』（岩波書店）、『「キング」の時代』（岩波書店、日本出版学会賞受賞、サントリー学芸賞受賞）、『言論統制』（中央公論新社、吉田茂賞受賞）、『増補　大衆宣伝の神話』（ちくま学芸文庫）、『青年の主張』（河出ブックス）など。編著に『日本の論壇雑誌』（創元社）、『ヒトラーの呪縛――日本ナチカル研究序説』（中公文庫）などがある。

装丁　寺村隆史

欧州各国《おうしゅうかっこく》に於《お》ける国家《こっか》革新運動《かくしんうんどう》

〈リプリント版《ばん》〉内閣情報《ないかくじょうほう》部《ぶ》・情報宣伝研究《じょうほうせんでんけんきゅう》資《し》料第十輯《りょうだいじゅっしゅう》

2017年4月20日　第1版第1刷　発行

解　題　佐　藤　卓　己

発行者　矢　部　敬　一

発行所　株式会社 創元社

http://www.sogensha.co.jp/

本社　〒541-0047 大阪市中央区淡路町4-3-6

Tel.06-6231-9010　Fax.06-6233-3111

東京支店　〒162-0825 東京都新宿区神楽坂4-3 煉瓦塔ビル

Tel.03-3269-1051

印刷所　大日本印刷株式会社

ISBN978-4-422-93374-0　C3322

創元社の本

描かれた日清戦争——久保田米僊『日清戦闘画報』【影印・翻刻版】

大谷正・福井純子［編］

明治期に京都画壇を代表する画家として活躍し、日清戦争にも従軍した久保田米僊（べいせん）が、息子で画家の米斎（べいさい）、金僊（きんせん）と共に描いた戦時画報である『日清戦闘画報』11冊をオールカラーで復刻。写真に速報性がない時代の木版刷戦争グラフィズムを体感できる画期的な資料。くずし字は全文翻刻、漢文の読み下しや注記などを付し、読者が非常に使いやすい編集をほどこした、日清戦争戦後120年記念出版。

B5判上製・472頁　本体8000円+税

堂上家系譜大成【復刻版】

太田亮［著］

京都の朝廷を構成する公家のうち、昇殿を許され、それが世襲された家柄の総称である堂上家（とうしょうけ）。平安後期に形成され、江戸時代に家格が固定された高級公家の系譜を知るための基本史料である『諸家知譜拙記』を鋭意添削し、さらに明治初年度までを増補し活字化。刊行から七〇年余を経てなお、堂上家の系譜を知るための最も優れた基本図書にして、国史国文及び図書館必備のレファレンス。昭和16年小社刊の拡大復刻版。

B5判上製・328頁　本体6300円+税